Endstation Klodeckel

*„Um ein tadelloses Mit-
glied einer Schafherde sein
zu können, muss man vor
allem ein Schaf sein.“*

Albert Einstein (1879-1955)

Ramin Peymani

Endstation Klodeckel

Sind wir wirklich noch zu retten?

Bibliografische Information der Deutschen Nationalbibliothek: Die Deutsche Nationalbibliothek verzeichnet diese Publikation in der Deutschen Nationalbibliografie.

Detaillierte bibliografische Daten sind im Internet über http://dnb.dnb.de abrufbar.

1. Auflage 2015
© 2015 Ramin Peymani
alle Rechte vorbehalten

Umschlagfoto: privat
Gestaltung, Herstellung und Verlag:
BoD - Books on Demand, Norderstedt
ISBN: 978-3-7347-4743-4

Inhaltsverzeichnis

Vorwort von Frank Schäffler

Als kürzlich die Regierungskoalition aus Union und SPD einen Antrag im Bundestag einbrachte, war es wieder einmal so weit. Darin forderten die Parteien Ludwig Erhards und Karl Schillers nicht mehr und nicht weniger, als Supermärkte künftig zu verpflichten, mindestens eine quengelfreie Kasse einzurichten. Kinder sollen künftig an der Supermarktkasse ihre Eltern nicht mehr mit Betteltiraden nach Kinderriegeln und Schokolade nerven dürfen. Passend zur Fressmeile auf der „Grünen Woche" soll dies Dickleibigkeit, Diabetes und vielleicht auch Diarrhö verhindern. Das Gutmenschentum treibt munter seine Blüten im Parlament.

Nicht nur die Kinder, sondern auch die Eltern sollen an die Hand genommen und selbst wie Minderjährige behandelt werden. Der Nanny-Staat ist das Modell dieser Gutmenschen. Aus Kindern sollen perfekte Menschen gemacht werden, deren Merkmale vom Kollektiv definiert werden. Das ist ein später, aber dennoch überzeugender Erfolg von Wladimir Iljitsch Lenin selbst in bürgerliche Kreise hinein. „Ich bin nichts, die Gesellschaft ist alles", war sein Credo.

Diesen paternalistischen und freiheitsfeindlichen Staat prangert Ramin Peymani seit Jahren in seiner lesenswerten „Klodeckel"-Kolumne ungeschminkt an. Das ist in Zeiten geistiger Monokulturen unendlich wichtig, um wieder viele Freiheitskeime sprießen zu lassen. Wenn diese Freiheitskeime gedüngt, gehegt und regelmäßig gegossen werden, dann werden sie irgendwann auch wieder die Früchte einer offenen und freien Gesellschaft tragen.

(Frank Schäffler ist Autor des Buches „Nicht mit unserem Geld", FinanzBuch Verlag, München, September 2014)

Berliner Versorgung: Pofalla tauscht Merkel gegen Märklin

Manchmal ist das Leben verrückter als jede Satire. So wie am letzten Donnerstagnachmittag. Da überraschten die Online-Redaktionen mit der Nachricht, Ronald Pofalla sei künftig Politik-Lobbyist bei der Bahn – in einem eigens für ihn geschaffenen Vorstandsressort mit üppiger Dotierung. Man fragt sich, wieso ein Staatskonzern, dessen Aufsichtsrat durch und durch mit Politikern besetzt ist, noch (Steuer-)Geld für einen politischen Türöffner im Vorstand ausgeben muss. Die Politik hat entschieden, doch natürlich erhofft sich der Konzern einen Wettbewerbsvorteil, indem er einen aktiven Politiker rekrutiert, um Einfluss auf staatliche Entscheidungen zu gewinnen. Scham oder Fristen kennen weder Unternehmen, noch Abgeworbene. Immer häufiger erleben wir, wie Politiker oberer Hierarchieebenen aus ihren Funktionen heraus gekauft werden. Und nicht selten bekommen sie dies nicht nur von ihrem neuen Arbeitgeber vergoldet. Der öffentliche Aufschrei hielt sich im Rahmen, weil Pofalla ja kein FDP-Politiker ist.

Doch der Fall bekam noch eine ungeahnte Dynamik: Das Online-Satiremagazin „Der Postillon" hatte mit geschickter Rückdatierung den Eindruck erweckt, es sei Urheber der Meldung, an deren Wahrheitsgehalt man nur zu gerne gezweifelt hätte. Und die Mehrheit der Internetgemeinde war sich sicher, dass alle Zeitungsredaktionen auf die vermeintliche Spaßmeldung hereingefallen seien. Dass dies keineswegs abwegig erschien, hat seinen Grund in der Vergangenheit des Magazins, dem es mehrfach gelungen war, Berufsjournalisten mit seinen glaubwürdigen Satire-Beiträgen aufs Glatteis zu führen. Die Verwirrung war so groß, dass selbst Insider des Berliner Politik-Betriebes wie Grünen-Fraktionschefin Göring-Eckhardt am Donnerstagabend offenbar nicht mehr wussten, was real ist und was nicht. Es spricht für sich, dass man Zeitungsredaktionen nicht mehr vertraut. Das Ansehen von Journalisten befindet sich auf einem Tiefpunkt – nicht nur bei der ohnehin kritischen Blogger-Szene. Auch der unvoreingenommene Nachrichtenkonsument entdeckt immer häufiger journalistische Mängel, die vor allem einer schlampigen Recherche und dem unkontrollierten Drang entspringen, statt Nachrichten das eigene Weltbild zu vermitteln.

So ist der Glaubwürdigkeitsverlust also selbstverschuldet. Schnelligkeit vor Gründlichkeit und Quote vor Qualität – diesem Credo scheinen sich viele professionelle Medienberichterstatter im Internetzeitalter verschrieben zu haben. Doch die Kritik muss viel weiter gehen: Die Medien müssen ihre Rolle neu definieren. Sie richten ihre Scheinwerfer derart grell auf die Politik, dass diese Selbstdarsteller und Systemprofiteure wie Motten anzieht. Doch Politik ist vor allem Dienst an der Gesellschaft. Der politische Betrieb muss uninteressant für jene werden, die ihn nur als Durchlauferhitzer für eigene Karriereambitionen benutzen. Dazu gehört, dass wir die Showbühnen der Inszenierung und Profilierung abbauen – und Ämter auf Zeit eher kürzer als länger vergeben. Die Schweiz könnte hier Vorbild sein: Dort gibt es keine Berufspolitiker, die Abgeordneten gehen in aller Regel einem außerparlamentarischen Beruf nach und das Parlament kommt nur vier Mal im Jahr zusammen. Der geringere mediale Fokus auf Personen und der schlanke Staatsapparat lassen wenig Raum für die Befriedigung von Eitelkeiten und die Bereicherung am System. Wäre das nicht mal einen Versuch wert?

(Klodeckel des Tages vom 5. Januar 2014)

Backpfeife statt Beifall: Schwesigs missglückter Ego-Trip

Was für eine Woche! Jedes Mal, wenn ein Thema feststand, konnte ich am nächsten Tag von vorne anfangen. Erst die Grünen, die sich plötzlich als Freiheitspartei verkaufen wollen. Das wäre so, als behaupte der Schlachter, er sei Tierarzt. Dann die Meldung, dass Deutschland durch die Abkehr von der Atomkraft und die religiöse Hinwendung zu den sogenannten erneuerbaren Energien wieder zur Dreckschleuder Europas geworden ist: 2013 wurde so viel Braunkohle verheizt, wie zuletzt im Jahr der Wiedervereinigung. Willkommen zurück in der DDR, in die uns die Bundeskanzlerin auch in vielen anderen Bereichen schon längst wieder geführt hat. Und schließlich die Kfz-Zulassungsstelle in Wolfratshausen, die Heinrich Hasch in vorauseilendem Gehorsam die Initialen HH im Wunschkennzeichen verweigerte, weil diese auch für „Heil Hitler" stehen könnten. Immerhin darf er seinen Namen behalten, obwohl er damit rund um die Uhr Werbung für Drogen macht. Am Ende habe ich mich für Manuela Schwesig entschieden. Sie feiert heute ein kleines Jubiläum, denn sie erhält den „Klodeckel des Tages" bereits zum dritten Mal.

Die Ohrfeige der Kanzlerin war schallend. Nur kurz durfte Schwesig ihr karrierebewusstes Ego streicheln. Dann kam das „Basta" aus dem Kanzleramt. Die Familienministerin wollte sich mit dem Vorschlag profilieren, Eltern einen Arbeitsrabatt zu gewähren. Diese sollten künftig nur noch 80% der arbeitsvertraglich vereinbarten Stunden im Monat arbeiten müssen, aber weiterhin ihr volles Gehalt beziehen. Der Steuerzahler hätte das restliche Fünftel zuschustern müssen. Drei Jahre lang sollten Erziehende so die Möglichkeit bekommen, sich besonders intensiv ihrem Nachwuchs zu widmen. Die fehlende Zeit für Kinder sei nämlich einer der Hauptgründe für die erlahmte Lust der Deutschen. Liebe Frau Schwesig, Sie haben doch angeblich das Ohr so nah an den Menschen. Die Zeugungsunwilligkeit kommt vor allem daher, dass Sie und Ihre Berufskollegen uns immer mehr vom Verdienst abnehmen. Sie freuen sich über die kalte Progression, die uns auch ohne Steuererhöhung das Geld aus der Tasche zieht, verteuern die Energie immer weiter und tragen die von der EZB betriebene Enteignung der Sparer mit. Zeitmangel ist nicht das Problem.

Bei niemandem kam der Vorstoß wirklich gut an. Zu durchsichtig war das Unterfangen. Und so verpuffte die PR-Aktion der früheren mecklenburgischen Ministerin schnell. Es bleibt aber der Verdacht, dass von ihr in den kommenden vier Jahren wenig Produktives zu erwarten ist. Das gilt auch für die neue Bundesregierung insgesamt. Die ersten Wochen der Großen Koalition haben uns bereits einen Vorgeschmack gegeben: Gegenseitige Blockade und Stillstand, weil beide Seiten viel zu weit auseinanderliegen – trotz der Sozialdemokratin Merkel an der Unionsspitze. Und was die Familienpolitik angeht, so gibt Deutschland hierfür bereits mehr Geld aus als alle anderen Industrieländer. Allerdings mit mäßigem Erfolg. Rund 200 Milliarden Euro lassen wir Deutschen uns dies im Jahr kosten. Mehr als 150 verschiedene Maßnahmen gibt es. Wer blickt da noch durch? Wie will man dabei den Erfolg messen? Und warum vergeuden wir 85% der Summe in direkten Zahlungen, bei denen das wenigste Geld den Kindern zugutekommt, für die es eigentlich gedacht wäre? Das sind Ihre Themen, Frau Schwesig, also weg von den Kameras und ran an den Schreibtisch!

(Klodeckel des Tages vom 12. Januar 2014)

Das elfte Gebot: Du sollst Dich reproduzieren!

Kinderlose sind leichte Opfer. Wie Autofahrer oder Gutverdiener eignen sie sich bestens als potentielle Zwangssponsoren für den Staat. Oder auch als Feindbild. Sie gehören zu jenen Bevölkerungsgruppen, denen man die Verantwortung für die Ungerechtigkeiten des Lebens zuschieben kann, ohne allzu großen Widerspruch befürchten zu müssen. Am Freitag war es wieder einmal so weit. Dabei war das, was die Bertelsmann-Stiftung der Öffentlichkeit in ihrer Rentenstudie präsentierte, durchaus zutreffend: Familien mit Kindern legen trotz einer atemberaubenden Vielzahl an Fördermaßnahmen drauf. Wie für alle Beitragszahler gilt auch für sie, dass in unserem Rentensystem niemand mehr erwarten kann, seine jahrzehntelangen Einzahlungen auch nur annähernd wieder herauszubekommen. So wird ein heute 13-jähriger Durchschnitts-Teenie nach Berechnungen der „Bertelsmänner" im Laufe seines Lebens selbst unter Einbeziehung der Leistungen, die er als späterer Elternteil für seine Kinder erhält, gut 50.000 Euro mehr an Sozialabgaben und Steuern gezahlt haben als er an staatlichen Zuschüssen für Betreuung und Bildung erhalten hat. Im Vergleich zu Kinderlosen, die keine künftigen Beitragszahler produzieren, sei dies ungerecht.

Es gibt einiges zu kritisieren an der Studie der Stiftung. So kann man bereits darüber streiten, ob die Grundannahmen eines Modells, das eine Prognose bis zum Ende des Jahrhunderts wagt, mehr sein können als Spekulation. Doch vor allem hinken die Berechnungen mit Blick auf die Rentenerwartung von Kinderlosen. Wegen des höheren Akademisierungsgrades und der Konzentration auf das berufliche Fortkommen erzielen Paare ohne Kinder in der Regel zwar höhere Einkommen, angesichts einer geplünderten Rentenkasse sollte jedoch niemand mehr davon ausgehen, dass sich das Mehr an Einkommen künftig noch in einer substantiell höheren Rente niederschlagen wird. Insofern fällt stärker als berücksichtigt ins Gewicht, dass Kinderlose nicht nur Kitas, Schulen und fast 160 familienfördernde Maßnahmen mitfinanzieren, sondern im Verlauf ihres Berufslebens auch deutlich höhere Sozialabgaben und Steuern entrichten müssen. Einen Missstand beschreibt die Studie allerdings treffend: Der Staat verplempert viel Geld in sinnlosen Aktivitäten an der falschen Stelle.

Der „Klodeckel des Tages" geht daher auch nicht an Bertelsmann, sondern an die FAZ-Redaktion, die die westfälische Steilvorlage umgehend aufgriff, um ihre Verachtung gegenüber Lebensentwürfen zum Ausdruck zu bringen, in denen eigene Kinder nicht vorgesehen sind. „Kinderlose belasten die Rentenkasse", schallte es Millionen von Zeugungsverweigerern entgegen. Dabei bezichtigen die Hüter von Ehe und Familie nicht nur Kinderlose des Schmarotzertums, sondern verzerren auch die Kernaussage der Studie, die die Mehrbelastung für Familien im System und nicht in den Kinderlosen an sich begründet sieht. Die richtige Schlussfolgerung kann nur sein, dass wir endlich den Mut haben müssen, uns von einem Rentensystem zu verabschieden, das aus dem 19. Jahrhundert stammt. Länder wie Schweden oder Australien zeigen uns, wie man sich unabhängiger von der Reproduktion neuer Beitragszahler macht. Der Diskriminierung einer persönlichen Lebensentscheidung wäre der Boden entzogen und Kinder würden nicht mehr auf reine Losgrößen staatlicher Lenkungssysteme reduziert. Nachwuchs soll froh machen, nicht reich!

(Klodeckel des Tages vom 19. Januar 2014)

Der Schandfleck: Deutschlands Chef-Genetiker spricht Klartext

Oft habe ich die Partei der Grünen an dieser Stelle schon dafür gescholten, dass sie uns Bürger bevormunden und erziehen will. Die grüne Ideologie war immer schon aufdringlich, intolerant und schädlich für das Gemeinwohl. Doch sie ist noch mehr: Sie ist vor allem gefährlich, weil sie radikalen Gesinnungen ein Zuhause bietet. Klar wird dies am Vokabular ihres obersten Vertreters Cem Özdemir, der gerne mal sprachliche Anleihen bei jenen Demagogen nimmt, die Europa im vergangenen Jahrhundert ins Verderben gestürzt haben. Zwar war sein jüngster Ausfall verhältnismäßig milde, doch wurde auch dabei wieder deutlich, dass die Vernichtung politischer Alternativen auf der Agenda des Spitzen-Grünen offenbar ziemlich weit oben steht. Beim Landesparteitag seiner sächsischen Parteifreunde in Leipzig wetterte Özdemir: „Die FDP braucht niemand, wenn es darum geht, Freiheitsrechte, Bürgerrechte, Autonomie und Emanzipation zu vertreten. Und schließlich wollen wir dafür sorgen, dass dieser Schandfleck FDP verschwindet". Aussagen, die an Klarheit nichts zu wünschen übrig lassen.

Noch deutlicher war Özdemir im April 2010 geworden, als er sich zu einem Ausflug in die Genetik verstieg. Damals ließ uns der gelernte Erzieher bereits wissen, es gebe genetische Unterschiede zwischen der FDP und seinen Grünen. Offenbar hält er es für eine Frage der Erbanlagen, ob man sich in seinem politischen Weltbild der Herrenrasse der Grünen oder der von ihm für minderwertig erachteten FDP anschließt. Da ist es nicht mehr weit bis zur Forderung, die genetische Entartung gehöre ausgemerzt. Insofern schließt sich mit Özdemirs Leipziger Auftritt der Kreis seines Gesinnungsbekenntnisses. Doch der mediale Aufschrei blieb damals wie heute aus, was angesichts unserer links-grünen Presselandschaft nicht verwundert. Und wer die Veitstänze und Jubelarien der Grünen in jenem Moment miterlebt hat, als gewiss wurde, dass die FDP dem Deutschen Bundestag nicht mehr angehören würde, hat eine Ahnung davon bekommen, wie tief der Hass der Gesinnungspolizisten auf den blau-gelben Feind sitzt. Der Wunsch nach Herrschaft und Unterdrückung verträgt sich eben nicht mit dem Bekenntnis zu Freiheit und Selbstbestimmung.

Den „Klodeckel" erhält Özdemir jedoch nicht nur für die Zweifel an seiner demokratischen Grundhaltung, sondern für seinen kläglichen Versuch, sich reinzuwaschen. Als halte er den Rest der Welt für dumm genug, ihm dies abzukaufen, gelobte er am Folgetag, er habe nicht die FDP, sondern die NPD gemeint. Statt einer ernstzunehmenden Entschuldigung oder gar persönlicher Konsequenzen, wie er sie von anderen stets fordert, flüchtete sich der Grünen-Chef in eine Ausrede, die derart schlecht war, dass man nicht nur ihn, sondern auch noch seine Medienberater feuern müsste. Da wäre es glaubhafter gewesen, er hätte sich damit herausgeredet, die Bezeichnung „Schandfleck" gelte im Türkischen als Kompliment. Wie schon beim üblen Genetik-Fehlgriff ist auch diesmal niemand im Saal empört aufgesprungen. Da liegt der Verdacht nahe, dass nicht nur der Chef selbst, sondern auch seine Anhänger die Wortwahl sehr passend fanden. Vehement hatten sich die Grünen im Bundestagswahlkampf gegen das Attribut der Öko-Faschisten verwahrt. Man muss ihnen recht geben: „Öko" passt tatsächlich schon lange nicht mehr…

(Klodeckel des Tages vom 26. Januar 2014)

Entschärfte Passivhäuser: Zensur als durchsichtige Klientelpolitik

Passivhäuser werden in Deutschland seit mehr als 20 Jahren gebaut. Sie kommen mit wenig Energie aus, weil ihre sogenannte thermische Behaglichkeit so weit wie möglich durch passive Maßnahmen wie Wärmedämmung, Wärmerückgewinnung, innere Wärmequellen oder durch Sonneneinstrahlung gewährleistet wird. In der Theorie ist das kein schlechtes Konzept. Doch Passivhäuser haben einen gravierenden Haken: Weil sie absolut luftdicht sein müssen, um zu funktionieren, bereiten sie ihren Nutzern Probleme, wenn ihr Lüftungskonzept nicht exakt den speziellen Anforderungen des betreffenden Bauwerks entspricht. Dies sicherzustellen, ist ein kniffliges Unterfangen, das erheblichen Aufwand erfordert und nicht selten misslingt. Vor allem die extrem trockene Luft kann dann schnell zum gesundheitlichen Problem werden. Das haben auch Feuerwehrleute in Frankfurt zu spüren bekommen, deren Wachen vor einigen Jahren in Passivbauweise errichtet wurden. Bekannt wurde dies nun im Zusammenhang mit einer Magistratsvorlage, in der als Konsequenz gefordert wird, die strengen Passivhaus-Standards beim geplanten Bau einer Feuerwache am Frankfurter Flughafen aufzugeben.

Unmissverständlich prangert Frankfurts Feuerwehrdezernent in seiner Vorlage „erhebliche gesundheitliche Belastungen des Einsatzpersonals" durch das ungesunde Raumklima an. Er schildert die fruchtlosen Bemühungen zur Verbesserung der Situation, um resigniert festzustellen, dass wirkliche Abhilfe nur durch Maßnahmen möglich wäre, die einen „deutlich höheren Energiebedarf" zur Folge hätten und damit den Vorteil der Passivhausbauweise zunichtemachen würden. Das hörte man bei Frankfurts Grünen natürlich gar nicht gerne, denn schlechte Publicity können deren Auftraggeber aus der Branche ganz und gar nicht gebrauchen. Gerade in Zeiten, in denen viele grüne Projekte in Verruf geraten sind und so manches Ökomärchen bereits entzaubert worden ist, muss jede verbliebene grüne Bastion verteidigt werden. Passivhäuser als staatlich attestierte Gesundheitsgefahr – das wäre der Super-GAU für die Öko-Lobbyisten der Bauwirtschaft. Und so einigte sich die schwarz-grüne Koalition im Frankfurter Römer darauf, den Passus mit den Problemen und den amtsärztlich festgestellten Erkrankungen einfach zu streichen.

Lapidar heißt es lediglich noch, die besonderen Anforderungen an den Betrieb ließen die Passivbauweise aus arbeitsmedizinischer Sicht für Feuerwachen nur bedingt als geeignet erscheinen. Die verärgerte CDU ließ den faulen Kompromiss offenbar durchsickern, und dafür sollten wir dankbar sein. Der Vorgang zeigt nämlich wieder, dass uns die Ideologen mit der Sonnenblume selten die Wahrheit sagen. Nur solche Informationen werden bereitgestellt, die der eigenen Agenda dienen. Längst wissen wir aber, dass die heile grüne Welt nicht funktioniert. Ob Energiewende, Wärmedämmung oder Bio – immer werden die hoch gelobten Vorzüge durch jede Menge Nachteile konterkariert. So gefährdet der hysterische Ausstieg aus der Atomkraft nicht nur hierzulande die Versorgungssicherheit, sondern bringt auch Europas Energienetz aus dem Gleichgewicht, amortisieren sich energetische Sanierungen erst nach Generationen und ist Bio-Obst oft mit viel Pestizid belastet. Man könnte dies offen sagen und die Menschen entscheiden lassen, was sie bevorzugen. Doch Information macht klug. Und wer wählt dann noch „grün"?

(Klodeckel des Tages vom 2. Februar 2014)

Mutlose Richter: Karlsruhe beugt sich den Anti-Europäern

Diese Woche hatte es in sich. Immer neue „Preisträger" drängten nach vorne. Als ich mich für den „Einpeitscher vom Bosporus" entschieden hatte, kam das Bundesverfassungsgericht und warf alles wieder über den Haufen. Aber der Reihe nach: Zunächst gönnte sich der türkische Ministerpräsident nicht nur einen seiner berühmt-berüchtigten Wahlkampfauftritte in Berlin, bei denen sich die Frage stellt, was die Bundeskanzlerin davon abgehalten hatte, mit großem Getöse in Palma de Mallorca einzumarschieren, um die dort lebenden Deutschen im Bundestagswahlkampf zu mobilisieren. Dann beschloss das türkische Parlament auf Antrag von Erdoğans AKP eine weitgehende Internetzensur. Von nun an dürfen Behörden nach Belieben Internetsperren ohne Gerichtsbeschluss verhängen. Außerdem sind alle Provider künftig verpflichtet, Verbindungsdaten zwei Jahre lang zu speichern. Die EU zeigte sich empört, was einigermaßen verwundert, gibt es doch auch dort ähnliche Überlegungen. Vielleicht war Erdoğans Vorstoß also gar als Entgegenkommen gemeint, um dem stockenden Beitrittsprozess seines Landes neuen Schwung zu verleihen. Man weiß es nicht.

Am Freitag stand dann eine mit Spannung erwartete Entscheidung an. Zwar urteilte das Bundesverfassungsgericht nach einer Klage von mehr als 37.000 Beschwerdeführern lediglich über die Verfassungsmäßigkeit nach deutschem Recht, doch wusste jeder, dass der Urteilsspruch ein europäisches Erdbeben hätte auslösen können. Es ging um nicht weniger als die Frage, ob der von der Europäischen Zentralbank (EZB) vor eineinhalb Jahren angekündigte unbegrenzte Ankauf von Staatsanleihen zur „Rettung“ des Euro-Systems mit dem Grundgesetz vereinbar sei. Zwar hat die EZB von diesem „OMT-Programm“ bisher keinen Gebrauch gemacht, doch waren sich die acht Verfassungsrichter mit gewaltiger Mehrheit einig, dass dieses „über das Mandat der Europäischen Zentralbank für die Währungspolitik hinausgeht und damit in die Zuständigkeit der Mitgliedstaaten übergreift sowie gegen das Verbot monetärer Haushaltsfinanzierung verstößt.“ Ohne parlamentarischen Auftrag darf die EZB ihre Gelddrucker also nicht anwerfen, um ihre klinisch toten Euro-Patienten künstlich zu beatmen.

Doch trotz der eindeutigen Feststellung sah sich das Gericht nicht imstande, abschließend zu entscheiden. Es legte den Fall dem Europäischen Gerichtshof vor. Zu groß war wohl die Angst, dem Euro-Projekt den Todesstoß zu versetzen. Damit ist der Ausgang programmiert, zumal amtierender Präsident des EuGH der Grieche Vassilios Skouris ist. Die EZB-Granden atmeten erleichtert auf und bewiesen viel Kreativität dabei, die klaren Worte aus Karlsruhe in ihrem Sinne umzudeuten, ganz so, wie man es von den Politbüros früherer Tage kennt. Und auch ihre Brüsseler Gehilfen meldeten sich umgehend zu Wort. Sie frohlockten angesichts der Kapitulationserklärung des höchsten deutschen Gerichts, das der EZB zwar attestierte, rechtswidrig zu handeln, von einem Urteilsspruch aber absah. Damit ist die letzte Bastion gefallen. Die Anti-Europäer haben freie Bahn auf ihrem Kurs der Entdemokratisierung der Europäischen Union. Und die Transferunion mit nach unten offener Umverteilungsskala ist errichtet. Seit Freitag ist klar, dass in der Euro-Frage künftig auch in Deutschland Macht vor Recht geht.

(Klodeckel des Tages vom 9. Februar 2014)

„*Basti´s Buben*":
Die große Vertuschungskoalition

Man traut der politischen Kaste heutzutage so einiges zu. Wenig kann uns geschundene Bürger noch erschrecken. Nur besonders naive Zeitgenossen mit beneidenswert begrenztem Vorstellungsvermögen geraten überhaupt noch ins Staunen. Der Politkrimi, der sich aktuell in Berlin entfaltet, haut aber selbst robuste Beobachter aus den Schuhen. Angefangen hatte alles mit einer seltsam verklausulierten Erklärung des SPD-Politikers Sebastian Edathy, der Ende vergangener Woche urplötzlich sein Bundestagsmandat niederlegte. Schnell wurde spekuliert, der frühere Vorsitzende des NSU-Untersuchungsausschusses werfe beleidigt das Handtuch, weil er sich bei der Postenvergabe von der Großen Koalition übergangen gefühlt habe. Dass derlei Vermutungen kompletter Unfug sind, bedarf angesichts der üppigen Finanzausstattung von Bundestagsmandaten und der eitlen Persönlichkeitsstruktur heutiger Politikkarrieristen keiner besonderen Erwähnung. Niemand würde aus solch banalen Gründen die Plattform der eigenen Zurschaustellung lieblos wegwerfen. Es musste also mehr dahinter stecken, soviel war klar. Aber was?

Bald machte das Gerücht die Runde, gegen Edathy werde im Zusammenhang mit Kinderpornografie ermittelt. Mit dem Rücktritt sei er der Aufhebung seiner politischen Immunität zuvorgekommen. Schon die erste, auffallend leidenschaftslose Stellungnahme des SPD-Juristen Oppermann sprach Bände. Solidaritätsbekundungen der Parteiführung suchte man anschließend vergeblich. Am Freitag wurde klar warum: Parteichef Gabriel war bereits seit Oktober 2013 eingeweiht. Ausgerechnet der damalige Bundesinnenminister Hans-Peter Friedrich hatte ihn darüber informiert, dass Edathy wegen des Verdachts auf den Erwerb und Besitz kinderpornografischen Materials strafrechtliche Ermittlungen drohten. Für die SPD bestand somit die Gelegenheit, einen ihrer aufstrebenden Politstars frühzeitig zu warnen, was dieser dazu genutzt haben könnte, Festplatten nicht nur zu löschen, sondern unbrauchbar zu machen. Die Staatsanwaltschaft fand nämlich bei der Hausdurchsuchung nur noch Reste zerstörter Festplatten sowie Computer, deren Festplatten gelöscht oder gleich ganz entfernt worden waren. Edathy ist erst einmal abgetaucht, Minister Friedrich zurückgetreten. Und nun?

Es zeichnet sich immer deutlicher ab, dass die Bundesregierung vor einem der schwersten Kriminalfälle seit Willy Brandts Guillaume-Affäre steht. Friedrich könnte sich nun einer Anklage wegen des Verrats von Dienstgeheimnissen oder vielleicht sogar Strafvereitelung im Amt gegenübersehen. Er hat politische Verantwortung übernommen, darf man so etwas auch von der SPD erwarten? Offenbar nicht. Doch vorerst steht Edathy im Zentrum der Ermittlungen. Diesem muss man entweder großen Leichtsinn attestieren, oder – was angesichts des Gebarens unserer politischen „Elite" fast näher liegt – die Arroganz, zu glauben, einem wie ihm könne man nichts anhaben. Die Fotos nackter Minderjähriger hatte er von seiner IP-Adresse mit der eigenen Kreditkarte über seine Email-Adresse erworben. Es wird nun zu prüfen sein, wie die brisanten Informationen den Weg von der SPD-Spitze zum früheren Nazi-Jäger gefunden haben. Persönliche Konsequenzen schloss der hartleibige Gabriel für sich und seinen Fraktionsvorsitzenden Oppermann aus. Dass beide nun den „Klodeckel des Tages" um den Hals tragen, kann da nur wenig trösten.

(Klodeckel des Tages vom 16. Februar 2014)

Diät geht anders: Selbstbedienung am üppigen Steuerbuffet

Der „Klodeckel" geht diesmal an die 464 Abgeordneten des Deutschen Bundestages, die sich am Freitag für die abermalige Anhebung der eigenen Bezüge aussprachen und dabei zugleich einen Automatismus für künftige Erhöhungen einbauten, der Bundestagsmitgliedern bald Jahresgehälter von 120.000 Euro und mehr bescheren wird. Es ist eine Farce, dass Parlamentarier die einzige Berufsgruppe bilden, die ihre Entlohnung selbst festlegt. Millionen unserer Steuergelder werden auf diese Weise unter einer kleinen gierigen Truppe aufgeteilt. Nur gelegentlich und geringfügig regt sich Widerspruch, der jedoch keinerlei Schlagkraft entfaltet und daher von den Selbstbedienern nur müde belächelt wird. Bereits in Vergessenheit geraten scheint auch, dass sich die Abgeordneten des Bundestages erst kürzlich einen „fetten Schluck aus der Pulle" gegönnt haben. 2011 erhöhten sie sich nämlich in einer Nacht- und Nebelaktion ihre monatlichen Bezüge mal eben auf 7.960 Euro, um sie eineinhalb Jahre später auf 8.252 Euro ansteigen zu lassen. Nun sichern sich die Unersättlichen eine weitere, fast zehnprozentige Steigerung.

Zwar folgte der Bundestag mit seinem Votum der eigens gebildeten „Expertenkommission", doch dürften wohl nur die naivsten Zeitgenossen davon ausgehen, dass hier ein unabhängiges Gremium die Vorarbeit zu einer politisch gewollten Entscheidung geleistet hat. Vergessen werden sollte auch keinesfalls, dass die 631 Bundestagsabgeordneten steuerlich wie Beamte behandelt werden und damit nur einen Bruchteil dessen entrichten müssen, was normale Arbeitnehmer mit vergleichbarem Gehalt leisten. So durfte sich 2013 ein verheirateter MdB mit zwei Kindern in Steuerklasse 3 über ein Jahreseinkommen von mehr als 73.000 Euro netto freuen. Für den Fall, dass dieser Abgeordnete keine Kirchensteuer zu entrichten hatte, lag der Gesamtanteil seiner Abzüge nicht einmal bei 25%, weil Parlamentarier keine Sozialabgaben leisten. In der nächsten Legislaturperiode wird aller Voraussicht nach erstmals in der deutschen Geschichte ein Platz im Bundestag mit einem Grundgehalt von mehr als 10.000 Euro brutto im Monat vergütet. Da läuft dem Nachwuchs in den Kaderschmieden der Parteien das Wasser im Mund zusammen. So viel lässt sich als ewiger Student nirgends verdienen.

Zwar hat der Bundestag zugleich auch die Regelungen für die Altersbezüge der Abgeordneten leicht verschärft, doch sind die Abschläge durch den Mehrverdienst schon lange vor dem Erreichen des Renteneintrittsalters überkompensiert und damit reine Augenwischerei. Zudem darf jeder Bundestagsabgeordnete zusätzlich mehr als 4.200 Euro monatlich steuerfrei dafür einstreichen, dass er ein Büro unterhält und ihm Kosten im Zusammenhang mit seinem Mandat entstehen könnten. Wer es geschickt anstellt, verfügt also schon heute über 10.000 Euro netto im Monat. Angesichts dieser Zahlen sollte irgendwann auch dem braven deutschen Michel mal der Kamm schwellen. Die Diätenerhöhungen werden in diesem und im kommenden Jahr den Bundeshaushalt mit mehr als fünf Millionen Euro zusätzlich belasten, während überall Sparsamkeit verordnet wird. Vor Ort zerfällt die marode Infrastruktur, werden Steuern und Abgaben erhöht, während eine kleine gierige Gruppe sich die Taschen vollmacht. Wir brauchen endlich einen Aufstand der Anständigen! Stoppen wir die Berliner Selbstbediener! Wir sind das Volk!

(Klodeckel des Tages vom 23. Februar 2014)

Die neue EU-Freizügigkeit:
Das Parteienkartell ist gebrochen

Der „Klodeckel des Tages" geht an die SPD-Politikerin Kerstin Westphal, die nach dem am Mittwoch verkündeten Fall der 3%-Hürde offenbar den Untergang Europas befürchtet. Auch Deutschland hat nun – wie die Hälfte der EU-Staaten – keine Sperrklausel mehr für die Europawahl. Das Verfassungsgericht habe damit „den Anti-Europäern Tür und Tor geöffnet", malt die gelernte Erzieherin die Zukunft des Kontinents in düsteren Farben. Ihr harsches Statement gipfelt in der Feststellung, es gebe schon heute unter den 766 Abgeordneten 100, „die als Anti-Europäer und Rechtspopulisten versuchen die europäische Volksvertretung zu sabotieren und zu demontieren". Das wären, liebe Frau Westphal, gut 13% Extremisten, wenn wir der Einfachheit halber mal annehmen, dass Ihre Unterstellung zutrifft. Im Bundestag sind jeweils rund 10% der Sitze an Linkspartei und Grüne vergeben. Wenn das deutsche Parlament also 20% Extremisten aushält, dürfte dies den Europa-Abgeordneten irgendwie auch gelingen.

Geht es der seit 2009 im europäischen Parlament sitzenden 52-Jährigen am Ende vielleicht gar nicht wirklich um Europa, sondern einfach nur um die eigenen Pfründe? Das könnte auch für viele ihrer Kollegen in den beiden großen deutschen Parteien gelten. Auffällig ist nämlich, dass die Kritik am Karlsruher Urteil fast ausschließlich aus den Reihen von CDU und SPD kommt. Dort ist die Zahl derer, die nach dem Richterspruch etwas zu verlieren haben, besonders groß, muss man sich ab sofort doch einer weitaus größeren Konkurrenz um die nur noch 96 deutschen EU-Mandate stellen. Zwar werden auch künftig knapp 1%

der Stimmen benötigt, um einen Sitz im EU-Parlament zu ergattern, doch dürfte dies am 25. Mai gleich einer ganzen Reihe von Parteien gelingen. Dass sich darunter vor allem „Radikale und Verrückte" befinden, wie CDU-Mann Herbert Reul befürchtet, ist eine Diffamierung, aus der die ganze Verzweiflung über Mitbewerber spricht, die man sich durch schier unüberwindbare Marktzugangsbarrieren bisher vom Leib gehalten hatte. Natürlich birgt die geringe Wahlbeteiligung bei der Europawahl die Gefahr, dass ohne Sperrklausel radikale Parteien Mandatsträger nach Straßburg und Brüssel entsenden.

Wer aber diese Extremisten in einen Topf mit Demokraten wirft, die die Intransparenz der Europäischen Union oder den Wahnsinn der Euro-„Rettungsmaßnahmen" kritisieren, macht sich verdächtig, populistische Hetze zu betreiben. Womöglich sind also nicht die Kritiker der aktuellen EU die Anti-Europäer, sondern jene, die das Europaparlament möglichst wirksam gegen Andersdenkende abschotten wollen. Das Urteil der Karlsruher Richter ist schon deshalb zu begrüßen, weil es endlich zu mehr Meinungsvielfalt im EU-Apparat führen wird, wenn die Schar der deutschen Abgeordneten nicht mehr nur aus den üblichen handverlesenen Parteisoldaten besteht. Das kann der Glaubwürdigkeit und Akzeptanz des Europaparlaments nur guttun und dazu beitragen, dass sich nun mehr Abgeordnete für einen Verbund starker souveräner Nationalstaaten einsetzen, der weder eine Brüsseler Supernanny, noch das Korsett einer gemeinsamen Währung benötigt. Und auch Frau Westphal wird ihr Herz für die Demokratie sicher wiederentdecken – spätestens, wenn ihre Brüsseler Mission beendet ist. Dann darf sie nämlich wieder ganz Bürgerin sein und muss keiner Ideologie mehr folgen...

(Klodeckel des Tages vom 2. März 2014)

Bakschisch am Bosporus: Erdoğans Kampf mit dem Internet

Ihm gibt man den „Klodeckel" gerne, weil er ihn sich immer und immer wieder verdient. Nein, es geht nicht um Wladimir Putin, den neu entdeckten Lieblingsfeind der westlichen Welt. Der heutige Preisträger ist ein anderer – und auf ihn passt der ironisierende Titel des „lupenreinen Demokraten" ohnehin besser. Die Rede ist vom türkischen Ministerpräsidenten Recep Tayyip Erdoğan, den der Westen gewähren lässt, weil die NATO ihn als strategischen Partner für ihre militärischen Stützpunkte braucht. Menschenrechtsverletzungen, Willkürjustiz, Korruption sowie einen fortschreitenden Demokratieabbau sieht man ihm da gerne nach. Noch lieber würden ihn manche gar in der EU sehen. „Da sei Gott vor!", möchte man voller Entsetzen in der blumigen Sprache ausrufen, die Erdoğan versteht. Der drohte am Donnerstag nach mehreren Internetveröffentlichungen ihn belastender Telefonmitschnitte, die sozialen Medien in seinem Land zu sperren. Die Telefonate sollen seine Verwicklung in den seit Monaten schwelenden Korruptionsskandal belegen.

Erdoğans Ankündigung, den Zugang zu bestimmten Internetangeboten zu unterbinden, dürfte wohl keine leere Drohung sein. Bereits zwischen 2008 und 2010 war YouTube im türkischen Internet für mehr als zwei Jahre gesperrt, nachdem Republikgründer Atatürk dort mehrfach persifliert und karikiert worden war. Zwar versicherte Staatspräsident Gül, er dulde kein Abschalten, doch zierte er sich vor einem Monat nicht, ein von Erdoğans Partei AKP initiiertes Gesetz zu unterzeichnen, das den Behörden die umgehende Sperrung jeglicher Internetseiten ohne vorherigen richterlichen Beschluss erlaubt. Zweifel sind also angebracht an Güls Widerstand gegen den für Ende März angedrohten Blackout der sozialen Netzwerke, zumal auch er Erdoğans islamisch-konservativer AKP angehört. Ohnehin läuft Güls Amtszeit nur noch bis zum Sommer, wenn der Staatspräsident erstmals vom Volk direkt gewählt wird. Es scheint nicht ausgeschlossen, dass sein Nachfolger ausgerechnet Erdoğan werden könnte, der für keine weitere Legislaturperiode als Ministerpräsident mehr kandidieren darf. Mit dem Sprung ins Amt des Staatspräsidenten bliebe der „Kalif vom Bosporus" an den Schalthebeln der Macht.

Zwar erfreut sich Erdoğan nach elf Jahren im Amt immer noch ansehnlicher Umfragewerte, doch zeugen nicht zuletzt die schweren landesweiten Unruhen des vergangenen Sommers von der Sehnsucht vieler junger Türken nach einer moderneren Gesellschaft, in der die Religion nicht mehr das bestimmende Element ist. Erdoğans zunehmend despotische Anwandlungen und die als autoritär empfundene Regierungspolitik bringen immer mehr Bürger gegen ihn auf. Doch große Hoffnungen auf einen gemäßigteren Kurs sollte man sich nicht machen. Seine Mission als Führer der Türken startete Erdoğan 1998 nämlich mit einem Zitat aus einem religiösen Gedicht, für das er wegen Anstiftung zum Hass eine zehnmonatige Gefängnisstrafe und ein von ihm Jahre später trickreich überlistetes lebenslanges Politikverbot erhielt: „Die Demokratie ist nur der Zug, auf den wir aufsteigen, bis wir am Ziel sind. Die Moscheen sind unsere Kasernen, die Minarette unsere Bajonette, die Kuppeln unsere Helme und die Gläubigen unsere Soldaten". Offenbar wähnt Erdoğan sich kurz vorm Ziel. Demokratie und Gewaltenteilung hat er weitgehend abgeschafft. Nun ist das Internet dran.

(Klodeckel des Tages vom 9. März 2014)

Rote Karte für grüne Arier: Kein Redeverbot für Andersdenkende

Riesenschlappe für die selbsternannten Erziehungsberechtigten der Nation: Nach ihrem Einmarsch in die deutschen Wohnzimmer wollten sie ihr unseliges Treiben auch auf Europa ausdehnen. Den Anfang sollte das EU-Parlament machen, das sich mit einem Antrag konfrontiert sah, keinem Geringeren als Gerhard Schröder Redeverbot zu erteilen. Nicht etwa nur im Plenarsaal, sondern generell. Dabei hatte es die grüne EU-Parlamentarierin Rebecca Harms gar geschafft, einige Abgeordnete der konservativen Fraktion mit ins Boot zu holen, die sich nicht zu schade waren, beim Anschlag auf die Meinungsfreiheit als Komplizen mitzuwirken. Doch das Attentat auf Schröder misslang, weil das Parlament die unwürdige Resolution abschmetterte. Der frühere Bundeskanzler, heute Aufsichtsratsvorsitzender der Gazprom-Tochter Nord Stream, hatte sich wiederholt kritisch zum Kurs der Europäischen Union in der Ukraine-Krise geäußert. Er bemängelte ein fehlendes Verständnis für die Region und attestierte den Verantwortlichen der EU, dass ihre Patzer überhaupt erst zur Eskalation geführt hätten.

Dass Schröder in seiner aktuellen Funktion de facto Angestellter des russischen Präsidenten ist, schadet zwar seinem Ansehen in Deutschland, nicht aber dem Wahrheitsgehalt seiner Aussagen. Es ist offensichtlich, dass das Krisenmanagement der EU dilettantisch verläuft. Unsicheres Zögern zu Beginn, unrealistische Zusagen an die Opposition, die Zusammenarbeit mit fragwürdigen Gruppierungen zum Sturz des korrupten ukrainischen Ex-Präsidenten und die Androhung alberner Sanktionen kennzeichnen einen Kurs,

der völlige Ratlosigkeit und ein krudes Russland-Bild offenbart. Selbst der sicherlich der Kollaboration mit Putin
unverdächtige Alt-Kanzler Kohl befand unlängst, dass es
dem Westen an Sensibilität im Umgang mit Russland feh-
le. Schröders Position mag hierzulande unpopulär sein, sie
ist aber keinesfalls extremistisch oder aufhetzend. Derlei
braucht es auch gar nicht, um ins Visier der Grünen zu geraten. Es genügt, zu widersprechen, um die eiserne Faust
der Volkserzieher zu spüren. Wer anders denkt und spricht
als die Moral- und Sprachpolizei, soll mundtot gemacht
werden. Fragen Sie mal CSU-Mann Dobrindt.

Zwar war der grüne Maulkorb für Schröder schnell vom
Tisch, doch ein Nachgeschmack bleibt. Harms ist immerhin auch die Spitzenkandidatin der Grünen für die Europawahl. Wollen wir wirklich Menschen im Parlament, die
Andersdenkenden Sprechverbot erteilen? Nach dem Fall
der deutschen Sperrklausel gab es aus der hiesigen Politik
viele besorgte Stimmen, nun könnte die Zeit der Extremisten in der Europäischen Union anbrechen. Eine Forderung,
wie sie gerade von Harms, Cohn-Bendit & Co. in Brüssel
erhoben worden ist, hat man aber selbst aus dem radikalen
Parteienspektrum in Deutschland noch nie vernommen.
Sitzen die Extremisten also vielleicht längst in Brüssel?
Doch grün ist in der Wahrnehmung vieler eben nicht braun
und links ist nun einmal nicht rechts. So dürfen sich die
guten Extremisten weiterhin größtmöglicher Narrenfreiheit
erfreuen, während die Kritiker einer intransparenten, un-
demokratischen und arroganten Europäischen Union am
Pranger stehen. Es wird Zeit, dass die Bevölkerung auch in
Deutschland die Europawahl ernst nimmt, damit die Mah-
ner künftig nicht nur einem Redeverbot entgehen, sondern
tatsächlich Gehör finden.

(Klodeckel des Tages vom 16. März 2014)

Grüner Flaschengeist: Umwelt-schutz als neuer Totalitarismus

Einmal mehr geht der „Klodeckel" an die Umerzieher mit der Sonnenblume, diesmal an den grünen Bremer Umweltsenator Joachim Lohse. Dieser preschte am Dienstag mit der Veröffentlichung eines Gesetzesentwurfs vor, dessen Inhalt er offenbar mit seinen Koalitionspartnern von der SPD zuvor nicht abgestimmt hatte. Sorgte schon dies für Verstimmung im rot-grünen Bremer Bündnis, so ließ ein besonderes Detail in Lohses Machwerk auch den Kamm der übrigen Beobachter schwellen. Der frühere leitende Geschäftsführer des Öko-Instituts hatte im Referentenentwurf des Bremischen Klimaschutz- und Energiegesetzes einen Passus eingebaut, der es den „mit dem Vollzug beauftragten Personen" erlaubt, „in Ausübung ihres Amtes Grundstücke und bauliche Anlagen einschließlich der Wohnungen zu betreten", um zu kontrollieren, dass die Bestimmungen, etwa das Verbot zum Betreiben stromintensiver Elektroheizungen, eingehalten werden. Freimütig wird im entsprechenden Vollzugsparagrafen eingeräumt: „Das Grundrecht der Unverletzlichkeit der Wohnung (Artikel 13 des Grundgesetzes) wird insoweit eingeschränkt."

Es ist schon äußerst bemerkenswert, wie locker sich inzwischen Politiker aller Couleur über das Grundgesetz hinwegsetzen, dessen Väter verhindern wollten, dass je wieder totalitäre Strömungen die Oberhand in Deutschland gewinnen. Und hier tun sich auf unrühmliche Weise besonders die Grünen hervor. Mal ist es die Meinungsfreiheit (Artikel 5), die sie stört, mal steht ihnen die freie Entfaltung der Persönlichkeit (Artikel 2) im Weg, wenn unter dem Deckmantel des Umweltschutzes ein ganz bestimmtes

Verhaltensmuster anerzogen werden soll. Und diesmal ist es also Artikel 13. Zwar sieht der Entwurf vor, dass sich die Vollzugsbeamten zuvor anmelden müssen, abgewiesen werden können sie jedoch nicht. Die Bremer müssen künftig wohl damit rechnen, dass die Stromsparpolizei in ihre Wohnräume eindringt, um zu kontrollieren, ob nicht vielleicht doch im Bad ein elektrisches Heizöfchen steht, mit dem man es früh morgens beim Duschen ein wenig behaglicher hat. Und wenn ausnahmsweise die Stromrechnung mal höher ausfällt als sonst, besteht ohnehin dringender Tatverdacht. Dabei ist offen, ob die Reduzierung des CO_2-Ausstoßes überhaupt ein sinnvolles Klimaschutzziel ist.

Lohse kann die Aufregung nicht verstehen. Er habe nur den wortgleichen Text aus dem „Gesetz zur Förderung der sparsamen und umweltverträglichen Energieversorgung und Energienutzung im Lande Bremen" übernommen. An dem habe sich ja bisher auch niemand gestört. Das liegt vielleicht daran, Herr Lohse, dass sich dieses Gesetz auf öffentliche Gebäude und Anlagen bezieht – und nicht auf Privathaushalte. Kennen Sie den Unterschied zwischen „privat" und „öffentlich" überhaupt? Sagen Ihnen Begriffe wie „Privatsphäre" und „Eigentum" irgendetwas? Offenbar gehört es zu Ihrer Strategie, dass Bürger wieder Angst vor dem Kontrollbesuch der Staatsmacht haben müssen. Was sind Ihnen eigentlich unsere Grundrechte wert, wenn Ihnen die Einschränkung der Unverletzlichkeit der privaten Wohnung derart leicht von der Hand geht? Und was kommt als nächstes? Ein Gesetz, das Kritik an Energiesparmaßnahmen unter Strafe stellt? Zu dessen Überwachung dürfen sich die „mit dem Vollzug beauftragten Personen" demnächst vermutlich Zugang zu meinen Online-Passwörtern verschaffen…es dient ja dem Umweltschutz.

(Klodeckel des Tages vom 23. März 2014)

Un-app-etitlicher Aufruf: Die Mobilmachung der Fahrrad-Sheriffs

Diesmal wandert der „Klodeckel" an einen Vertreter der Gutmenschen, die sich bei genauer Betrachtung so oft als Gegenteil entpuppen. Es ist Heinrich Strößenreuther, der Deutschland die „Wegeheld-App" beschert hat. Über diese können Smartphone-Besitzer seit kurzem Autofahrer anschwärzen, die ihnen in die Quere kommen. Im Land der Oberlehrer und Verkehrserzieher dürfte Strößenreuther damit einen Volltreffer landen, befriedigt die neue App doch vor allem den deutschen Urinstinkt, Mitmenschen zu denunzieren. Der ehemalige Greenpeace-Aktivist behauptet auf seiner Homepage, damit einen Beitrag zu „lebenswerten, menschen- und klimafreundlichen Städten" leisten zu wollen. Dort bekunden vor allem ökologische Interessenverbände ihre Unterstützung, wie auch die Radfahrer-Lobby „Verkehrsclub Deutschland" und die einschlägige Unternehmerschaft. So gehören ein Dienstleister der Fahrradbranche und ein Öko-Beratungsunternehmen zu den „Erstunterzeichnern", wobei schon der Begriff verrät, dass es weniger um eine hilfreiche Anwendung geht, als vielmehr um eine Art Resolution.

Zwar stört sich der findige App-Entwickler vordergründig am Falschparken, doch schwitzt der leidenschaftliche Radfahrer seine grundsätzliche Abneigung gegen die individuelle Mobilität auf vier Rädern aus jeder Pore. Die Zielgruppe für seine App umfasst vor allem jene, die sich nicht mit dem eigenen Kfz bewegen. Deutschlands urbane Bevölkerung soll umerzogen werden – zu Radlern, ÖPNV-Nutzern und Fußgängern. Weg mit dem Auto! Da dies aber bislang weder mit medialer Dauergehirnwäsche, noch mit der grünen Kostenschraube funktionieren will, setzt der Berliner Unternehmer nun auf den Faktor Missgunst. Es besteht kein Zweifel, dass die App Erfolg haben wird. Schnell ist der vermeintliche Verkehrssünder gemeldet, ein Foto geknipst und eine Tirade ins Smartphone gehämmert. Klick – schon steht der Fauxpas auf Twitter, Facebook & Co. Strößenreuther mahnt seine engagierten Autogegner zwar, das Kennzeichen unkenntlich zu machen, die Wagenfarbe will die App aber ebenso wissen, wie Automarke und Standort. Durchaus vorstellbar, dass mancher Nutzer im Eifer „vergisst", das Nummernschild zu schwärzen. Rechtliche Bedenken gibt es jedenfalls in Hülle und Fülle.

Dies scheint auch die Stadt Frankfurt so zu sehen, die zu Recht befürchtet, der Vorstoß könne das Klima auf unseren Straßen vergiften. Die Main-Metropole gehört zum Kreis derer, die dankend ablehnten, als Strößenreuther sie zum Mittäter machen wollte. Der verkündet stolz, dass die „Petzer-App" schon 100 Email-Adressen enthalte, über die auch gleich noch das Ordnungsamt eingeschaltet werden könne. Allerdings gilt das Verpfeifen über die App nicht als Anzeige und hat auch keinerlei rechtliche Beweiskraft. Doch vielleicht sollte man auch einmal in eine ganz andere Richtung denken: Zur ganzen Wahrheit gehört nämlich auch, dass vor allem Radfahrer selten an Verkehrsregeln interessiert sind. Es ist höchste Zeit, über die Einführung von Kennzeichen für Fahrräder nachzudenken. Wer am Straßenverkehr gleichberechtigt neben Kraftfahrzeugen teilnehmen will, sollte den Mumm haben, aus der Anonymität herauszutreten und sich selbst der Ahndung seiner Verkehrsdelikte zu stellen. Dann könnten endlich auch die Radfahrer-Rowdies zuverlässig belangt werden. Die Autohasser-App wäre plötzlich ganz schnell wieder vom Tisch!

(Klodeckel des Tages vom 30. März 2014)

„*Lasst die Wähler in Ruhe*": *Gerichtshof stoppt Gender-Wahn*

In dieser Woche musste man bei der Nachrichtenlektüre besonders aufmerksam sein. Vor allem die Politik lieferte eine Fülle von Schlagzeilen, die manchen Aprilscherz in den Schatten stellten. Doch bedauerlicherweise handelte es sich bei keiner dieser Meldungen um eine „Ente". So empfahl die rote Bundesumweltministerin selbstgerecht Strickjacken gegen steigende Heizkosten und lobte eine Kühlschrank-Abwrackprämie für jene Haushalte aus, die ohnehin kein Geld für teure Stromspargeräte haben. Eine oberschlaue Grüne aus Schleswig-Holstein, immerhin Kultusministerin, forderte die Abschaffung der Schulnoten, weil diese sowieso oft nur Glückssache seien. Und auch der Energiegipfel taugte eher zum Scherz, weil sich die Politik einmal mehr von den dreisten „Energiewende"-Profiteuren vorführen ließ. Eine geradezu unglaubliche Nachricht kam noch aus Essen, wo das Landessozialgericht in Nordrhein-Westfalen regelmäßige Fernreisen auf Staatskosten für einen Sozialhilfeempfänger anordnete. Der ganz normale Wahnsinn eben. Eine positive Nachricht gab es immerhin: Gender-Daten auf Stimmzetteln sind verfassungswidrig.

Der rheinland-pfälzische Verfassungsgerichtshof untersagte der rot-grünen Landesregierung, Gleichberechtigungs-Mantras auf Stimmzettel zu drucken. Die Volkserzieher wollten nämlich bei der nächsten Kommunalwahl moralischen Druck auf die Wähler ausüben, um den Wahlausgang durch die Aktivierung des schlechten Gewissens zu beeinflussen. Mehr Frauen sollen in die kommunalen Parlamente. Ein hehres Ziel, für das der Landtag mit der rot-grünen Regierungsmehrheit vor einem Jahr das Kommunalwahlgesetz geändert hatte. So sollte jeder Stimmzettel den Hinweis enthalten, dass Männer und Frauen gleichberechtigt sind – was unbedingt einmal gesagt werden musste. Zudem sollte für jede Kommune vermerkt werden, wie viele Männer und Frauen dem Gemeinderat angehören, auf dass der bedrängte Wähler seine Kreuzchen bitte bei den Kandidatinnen machen möge. Nun fand das absurde Theater um den Gender-Wahn ein jähes Ende. Die Begründung des Gerichts ist eine deftige Abfuhr für die ideologischen Gleichmacher, die ihren missionarischen Eifer so gerne zur Religion erheben: Bei der Wahl solle sich die Willensbildung vom Volk zu den Staatsorganen hin vollziehen, nicht umgekehrt. Der Wähler habe ein Recht darauf, während des Wahlgangs „in Ruhe gelassen zu werden".

So bemerkenswert wie der Richterspruch war die Berichterstattung. Zwar informierten die Online-Redaktionen über den Vorfall, in die für den Durchschnittsbürger relevanten Hauptnachrichten schaffte es die Meldung von der zurecht gestutzten Staatsmacht aber nicht. Informationen über die Rechtswidrigkeit staatlicher Mitsprache in der Wahlkabine liefen wohl allen Bestrebungen zuwider, die Deutschen zu politisch korrekten MustermännInnen zu erziehen. Keine Silbe war den Sendern die Ohrfeige des Gerichts für eine Political Correctness wert, die in ihrer erratischen Unkontrollierbarkeit einem epileptischen Anfall gleicht. Stattdessen durften Abgeordnete hinterer Reihen an Deutschlands historische Verantwortung am Völkermord in Ruanda erinnern und wurde der Grimme-Preis für den „Tatort" gefeiert. Über Michael Schumachers Gesundheitszustand ist das Publikum nun auch auf dem neuesten Stand. Von richterlichen Rügen für Amok laufende Politiker will der Zuschauer ja sicher nichts wissen. Oder?

(Klodeckel des Tages vom 6. April 2014)

Das „Oma-Blatt": Ein fingiertes Comeback mit bestelltem Jubel

Der „Klodeckel des Tages" geht – nicht zum ersten Mal – an die Vereinigte Deutsche Presse. In geradezu verstörender Eintracht schmetterten die großen deutschen Tageszeitungen ihren Lesern am Freitag eine regelrechte Jubelarie entgegen: „Anleger reißen sich um griechische Staatsanleihen", titelten sämtliche Leitmedien. Dabei machten sich die Redaktionen nicht einmal die Mühe, die offenbar politisch eng begleitete Presseaktion mit eigenen Formulierungen zu kaschieren. Nahezu wortgleich wurden die seltsam vorbereitet klingenden Textbausteine zu Griechenlands Comeback an den Finanzmärkten abgedruckt. Das nach wie vor hoch verschuldete Land hatte sich am Donnerstag von Banken, Versicherungen und Hedge Fonds für fünf Jahre insgesamt drei Milliarden Euro zum üppigen Zinssatz von 4,75% geliehen. Regelrecht gefeiert wurde dabei der Umstand, dass die Rückkehr an den Kapitalmarkt nach nur vier Jahren beweise, wie sehr private Investoren dem Land wieder vertrauten. Griechenland, so der Tenor, könne bald vom Tropf der europäischen Steuerzahler genommen werden. Kaum hat man je etwas Lächerlicheres gelesen, als das, was uns die Redaktionen da im offensichtlichen politischen Auftrag auftischten.

Die erfolgreiche Transaktion soll zusammen mit dem bestellten Presserummel sechs Wochen vor der Europawahl für einen Stimmungsumschwung beim euroskeptischen Wahlvolk sorgen. Vor allem aber ist sie eine vom europäischen Steuerzahler finanzierte Imagekampagne der griechischen Regierung: „Seht her, die Rettungsmaßnahmen greifen". Dass dies keinesfalls so ist, zeigt ein nüchterner

Blick auf die Fakten: Die griechische Staatsverschuldung ist mit 175% heute deutlich höher als zu Beginn der Euro-„Rettung", die Arbeitslosigkeit liegt bei schwindelerregenden 27% und die Banken knausern mit Krediten, die man aber so dringend für eine Wiederbelebung bräuchte. Doch der 25. Mai rückt näher. Positive Meldungen müssen her, Wahrheiten können warten. Eine dieser Wahrheiten ist, dass die neue Anleihe Griechenland nicht hilft, sondern seine Schuldentragfähigkeit noch verschlechtert. Das Land könnte sich nämlich stattdessen zu einem guten Fünftel des Anleihezinses bei IWF und EU Geld besorgen, die ohnehin bereits ein Vielfaches der nun erzielten drei Milliarden Euro zugesagt haben. Die Show-Veranstaltung ist also nicht mehr als teurer ökonomischer Unfug.

Doch wie erklärt sich die Euphorie der Anleihekäufer? Die Antwort ist simpel: Anders, als in der Vergangenheit dürfen Investoren darauf setzen, dass die griechischen Staatsanleihen durch den Rettungsschirm und die Europäische Zentralbank (also Steuermittel) abgesichert werden. Ein Schuldenschnitt, wie er in der Vergangenheit schon einmal erfolgte, ist damit so gut wie ausgeschlossen. Der hohe Zinssatz steht in einem völligen Missverhältnis zum geringen Ausfallrisiko. Die Zinszahlungen übernehmen Europas Steuerzahler praktischerweise dabei gleich auch noch. Am Tag danach warfen viele Investoren die gerade erworbene Anleihe dennoch sofort wieder aus dem Depot. Vertrauen in die Erholung Griechenlands sieht anders aus. EZB-Chef Draghi kündigte vor geraumer Zeit an, er werde den Euro um jeden Preis verteidigen. Und so freuen sich die Hedge Fonds schon auf die nächste Ausgabe griechischer Anleihen. Schiefgehen kann für sie in diesem Spiel nichts. Beim Skat nennt man das ein „Oma-Blatt"...

(Klodeckel des Tages vom 13. April 2014)

Pinkeln in Portland: Wenn die falschen Kanäle geflutet werden

Heute geht der „Klodeckel" ins Ausland, genauer gesagt in die USA. Im Bundesstaat Oregon sorgte Mitte der Woche ein gedankenloser junger Mann dafür, dass mehr als 140 Millionen Liter kostbaren Trinkwassers entsorgt wurden. Der 19-Jährige hatte sich nämlich ausgerechnet ein offenes Trinkwasserreservoir der Stadt für seine Pinkelpause ausgesucht. Die Behörden fühlten sich daraufhin verpflichtet, den Speicher komplett zu entleeren. So sehr man sich über das öffentliche Urinieren ins Trinkwasserbecken aufregen mag, geht die unvorteilhafte Auszeichnung jedoch nicht an den Teenager. Sie wandert vielmehr an die Stadt Portland. Der Vorfall erinnerte eine breite Öffentlichkeit daran, dass ihr Wasser aus Staubecken kommt, in denen auch allerlei Vögel und andere Tiere ungehindert ihre Notdurft verrichten. Überdies spült der Regen jede Menge Dreck und Unrat in die Reservoire. Zwar wird das Ganze auf dem Weg zum Verbraucher desinfiziert, völlig unbeschwert dürfte der Trinkwassergenuss für viele Amerikaner mit dem frischen Bewusstsein des offenen Zugangs zu den unbewachten Becken aber derzeit nicht sein.

Natürlich stellt sich die Frage, ob es denn verhältnismäßig ist, eine Wassermenge zu entsorgen, die dem Monatsverbrauch einer mittelgroßen deutschen Stadt entspricht. Die Desinfizierungsanlagen wären sicher mit zwei Gläschen menschlichen Urins fertig geworden. Doch das Problem liegt ohnehin viel tiefer: Während in Deutschland Trinkwasser nach strengen Vorschriften aus nicht öffentlich zugänglichen Brunnen in großer Tiefe gewonnen wird, entnehmen es viele amerikanische Gemeinden aus schlichten Bassins. Mehr ist aus Kostengründen nicht drin. Und hier zeigt sich die ganze Widersprüchlichkeit einer Nation, die sich seit dem 11. September 2001 geradezu hysterisch dem „Heimatschutz" widmet. Das eigens hierfür gegründete Ministerium samt seiner Behörden und eines offenbar außer Kontrolle geratenen Überwachungsapparats kann offensichtlich nicht verhindern, dass ein einziger Pinkler die Trinkwasserversorgung einer ganzen Stadt gefährdet. Diesmal war es nur Urin, doch wäre es ebenso leicht möglich gewesen, Chemikalien oder gar gefährliche Krankheitserreger hineinzugeben, die tatsächlich den Weg zum Wasserhahn gefunden hätten.

Ein Land, dass Billionen in die Terrorbekämpfung steckt und sich rühmt, ein flächendeckendes Überwachungsnetz zum vermeintlichen Schutz seiner Bürger zu besitzen, läuft täglich tausendfach Gefahr, an seiner überalterten Infrastruktur zu scheitern, weil die Bereitschaft fehlt, angemessen in Unterhalt, Erneuerung und Sicherung zu investieren. Dies gilt nicht nur für die Architektur der Wasserversorgung, sondern auch für Stromnetze und Elektrizitätsleitungen. Ein Anlass für Schadenfreude ist das aber nicht. Die Politik hat auch in Deutschland einen immensen Investitionsstau zu verantworten, weil sie sich lieber an milliardenschweren Prestigeprojekten versucht oder ihre kostspieligen Ideologien pflegt, als die Steuermittel für die dringend erforderlichen Investitionen zu verwenden. Vor allem aber liegt das Problem in der Unsitte der Wahlgeschenke. Daran tragen alle eine Mitschuld, die den Staat dazu nötigen, ihnen die finanzielle Verantwortung für die eigene Lebensführung abzunehmen. Die Milliarden, die diese Egoismen verschlingen, fehlen für Infrastrukturmaßnahmen und die Daseinsvorsorge. Amerika sollte uns eine Warnung sein.

(Klodeckel des Tages vom 20. April 2014)

Unabhängiger Journalismus: Frau Kömpel ist „erschrocken"

Eine Email an den falschen Empfänger ist immer unangenehm. Je nach Inhalt kann ein solcher Irrläufer zum echten Ärgernis werden. Besonders heikel wird die Sache, wenn man eigentlich mit einem Dritten über jemanden herziehen wollte und ausgerechnet dem Gescholtenen die Nachricht zuschickt, weil man in der Eile versehentlich statt der Weiterleitung die Antwort-Option erwischt hat. Das musste in der abgelaufenen Woche auch die Bundestagsabgeordnete Birgit Kömpel erfahren, die die Kolumne der Fuldaer Zeitung zur Werbung in eigener Sache missbrauchen wollte. Die SPD-Politikerin hatte der Redaktion eine Lobhudelei auf ihre Partei zukommen lassen, blitzte mit dem Ansinnen einer Veröffentlichung allerdings ab, weil die regelmäßige Kolumne ausschließlich dem Zweck dient, heimische Abgeordnete zu aktuellen Themen „jenseits von Parteipolitik" zu Wort kommen zu lassen. Damit soll der Dialog mit den Bürgern gestärkt, aber eben gerade keine Plattform für Parteiwerbung geschaffen werden. Ganz offensichtlich missfiel der SPD-Frau jedoch das Veto der Lokaljournalisten, was sie dazu veranlasste, mit ihrem Mitarbeiter darüber zu sinnieren, wie man der Redaktion wohl beikäme.

Und da die Email nun einmal nicht an den gedachten Adressaten ging, sondern direkt an die Redaktion, erfuhr diese aus erster Hand, wie sich eine Bundestagsabgeordnete befriedigende Pressearbeit vorstellt: „Das ist schon frech, was die sich so leisten. Wir müssen mal wirklich eine Strategie ausarbeiten, wie wir denen einen Strich durch die Rechnung machen können", war da zu lesen. Eine entsprechende Kampagne mit einem Internetorgan könne es vielleicht richten, deutete Kömpel im Nachsatz an. Es ist nicht etwa der Ärger über die misslungene SPD-Promotion, die Frau Kömpel den „Klodeckel des Tages" einbringt, sondern der offenbar tiefsitzende Glaube, die Presse müsse das Sprachrohr des Parteienapparates sein. Sinnbildlich für das Gebaren vieler Mandatsträger steht hier eine Abgeordnete, die es als persönlichen Affront ansieht, wenn Journalisten sich ihr einmal nicht willfährig vor die Füße werfen. Schuld an diesem irrwitzigen Weltbild ist jedoch der Journalismus selbst, der Politik so gern als Entertainment verkauft und den Protagonisten speichelleckend Bühnen aufstellt, die ihrer Bedeutung nicht annähernd gerecht werden.

Dass hier eine Politikerin ernsthaft darüber nachdenkt, wie sie eine unabhängige Tageszeitung beschädigen kann, weil diese die ihr zugedachte Rolle nicht spielen will, sagt alles über eine Kaste, die längst die Bodenhaftung verloren hat. Immer häufiger erinnern unsere Mandatsträger an DSDS-Kandidaten, die trotz limitierter Fähigkeiten und nichtssagender Vita glauben, mit ein paar falschen Tönen zu Stars aufsteigen zu können. Statt für den Bürgerwillen und das Gemeinwohl scheinen sich die Politikemporkömmlinge vor allem für die maximale Eigenvermarktung sowie das Besetzen wichtigtuerischer Pöstchen zu interessieren. Finden sich unter den 631 Volksvertretern im Bundestag und deren 1860 Kollegen in den Landtagen doch einmal einige Aufrechte, rollt die Parteiräson wie ein Panzer über sie hinweg, um sie systemkonform zu machen. Frau Kömpel sollte sich für das EU-Parlament interessieren. Dort wird sie von Lakaien im Frack bedient, die ihr den Kaffee mit weißen Handschuhen auf dem Silbertablett am Platz servieren. Sicher kommt dies ihrem Selbstverständnis näher als die Standhaftigkeit einiger ehrbarer Journalisten.

(Klodeckel des Tages vom 27. April 2014)

Tagegeld-König Schulz: Reich durch Brüssels Perpetuum Mobile

Der „Klodeckel des Tages" geht an die Europäische Union für ihre großzügige Regelung, dem Präsidenten des EU-Parlaments ein Tagegeld für jeden einzelnen Tag des Jahres zu gewähren – unabhängig davon, ob er tätig ist und Ausgaben im Rahmen seiner Amtsausübung hat. So darf sich SPD-Mann Martin Schulz in seiner Funktion als Parlamentspräsident über ein stattliches Zubrot von steuerfreien 110.960 Euro im Jahr freuen. Wohlgemerkt: Zusätzlich zu seinen Abgeordnetenbezügen und allen anderen Vorteilen, die ein Europaparlamentarier genießt. Ein einfacher EU-Abgeordneter erhält monatlich mehr als 6.200 Euro netto sowie eine pauschale Spesenvergütung von fast 4.300 Euro. Dazu kommt das besagte Tagegeld. Und für die Anstellung eines Assistenten zahlt der europäische Steuerzahler jedem Abgeordneten noch einmal bis zu 19.700 Euro pro Monat. Ein großzügig bemessenes Übergangsgeld in Höhe der Abgeordnetenentschädigung, das für mindestens sechs Monate nach dem Ausscheiden gezahlt wird, sowie nicht zu verachtende Pensionsregelungen runden das Bild ab.

Natürlich hat ein Parlamentspräsident mehr zu tun als die anderen Abgeordneten. Ob man ihm jedoch ohne jeden Nachweis pauschal eine sechsstellige Summe einfach so steuerfrei zusätzlich überweisen muss, darf schon in Frage gestellt werden. Passend zum gesamten Gebaren eines auf Intransparenz und Verschleierung angelegten Apparates gestattet die Verwaltung der Europäischen Union Schulz auf diese Weise seit 2012 ein massives Zusatzeinkommen, das mit dem verharmlosenden Begriff des Tageldes als scheinbar unregelmäßige, anlassbezogene Vergütung deklariert wird. Würde ihm sein Obulus als reguläre Gehaltszahlung überwiesen, müsste Schulz aufgrund des niedrigen EU-Steuersatzes und der fehlenden Pflicht zur Leistung von Sozialabgaben zwar auf vergleichsweise wenig, aber immerhin noch 27.000 Euro verzichten. Ungläubig kann man nur den Kopf über eine Konstruktion schütteln, die von der unrealistischen Annahme ausgeht, Schulz sei trotz vielfältiger Funktionen und selbst während seines Wahlkampfes 365 Tage im Jahr durchgängig für das Parlament im Einsatz.

Bekannt wurde das Brüsseler Perpetuum Mobile, das im Widerspruch zu allen Naturgesetzen steht, überhaupt nur, weil eine Fernsehredaktion hartnäckig nachfragte. Anlass war die Kandidatur des SPD-Parlamentariers für den Posten des EU-Kommissionspräsidenten. Hierzu wollte „Report Mainz" wissen, wie Schulz seine aktuelle Arbeit inhaltlich und finanziell von seinen Wahlkampfaktivitäten trenne. Dieser leugnete zunächst die Existenz der Regelung des ewigen Tagegeldes, was schon viel über ihn verrät. Als es dann gar nicht mehr anders ging, gestand er über sein Büro ein, bislang Dauerbezieher des Zusatzeinkommens gewesen zu sein, dies aber seit dem 18. April 2014 nicht mehr zu erhalten. Dumm für Schulz, dass schon vor diesem Zeitpunkt jede Menge Wahlkampftage dokumentiert sind, an denen er - für alle erkennbar - keineswegs in seiner Funktion als Parlamentspräsident, sondern als Wahlkämpfer unterwegs war. Aber nicht nur das: Der Haushalts-Kontrollausschuss der Europäischen Union monierte unlängst, Schulz missbrauche die Verwaltung für seinen Wahlkampf. Den kümmert das alles nicht. Tarnen, tricksen, täuschen – damit wird man ein Großer in der EU!

(Klodeckel des Tages vom 4. Mai 2014)

Säuberung statt Sauberkeit: P&G am Nazi-Pranger

Es ist kaum zu glauben, womit sich Deutschlands Moralwächter befassen und über welche Macht sie inzwischen verfügen. Doch überraschen kann das niemanden. Viel zu lange hat die schweigende Mehrheit weggesehen, während die radikalen Moralisten ihr Netz immer enger knüpften. Heute wagt kaum noch jemand, sich ihnen entgegen zu stellen, zu groß ist die Angst vor dem Tugendterror. So ist ein neuer Extremismus entstanden, der mit der Maske des Guten wie ein Fliegenfänger Leichtgläubige anzieht, die sich reflexartig zu ihm hingezogen fühlen und ihm auf den Leim gehen. Seine Vertreter haben es leichter als frühere Extremisten-Generationen, weil sie sich über das Internet formieren und ihre Feldzüge ganz bequem vom heimischen Sofa aus führen können. Längst haben die schlagkräftigen Divisionen gleichgeschalteter Bessermenschen auf diese Weise Besitz von den Redaktionen und Sendern ergriffen. Sie haben die Parteien durchdrungen und zentrale Posten eingenommen, von denen aus sie uns einschüchtern und umerziehen wollen. Besonders aktiv werden die selbsterklärten Verteidiger der Zivilgesellschaft, wenn sie irgendwo einen Neonazi vermuten. Das bekam nun auch Procter & Gamble zu spüren, das von einem Glatzkopf in Springerstiefeln unterwandert worden sein muss.

Was war passiert? Der Konsumgüterkonzern hatte „Ariel" mit besonderer Waschkraft auf den Markt gebracht und sich dabei doch tatsächlich erdreistet, die Zahl 88 auf die Verpackung zu drucken. Damit sollte der Umstand beworben werden, dass die Waschmittelbox nicht mehr nur für 83 Waschgänge reiche, sondern für fünf zusätzliche. Man könnte nun darüber streiten, ob die 88 Waschmaschinenladungen vielleicht nur ein leeres Marketingversprechen sind. Doch derlei lebensnahe Fragen sind der Tugendmafia schnuppe. Diese glaubte in der schwarzen 88 auf weißem Grund eine versteckte Botschaft zu erkennen: Procter & Gamble stelle damit rechtsradikale Symbole zur Schau, so der Vorwurf. Dabei ist nur Eingeweihten überhaupt bekannt, dass in der Nazi-Szene die „88" als Grußformel gilt. Doch wo die Moralpolizei säubert, da macht sie das gründlich: Die Packungen mussten aus dem Verkauf genommen werden und der Konzern sah sich genötigt, zur Besänftigung des Tugendmobs mitzuteilen, „dass das dumm und naiv war". Die sofortige Stilllegung der Produktionsstätten konnte Procter & Gamble immerhin abwenden.

Man hätte sich gewünscht, P&G wäre standhaft geblieben. Wie wichtig wäre es gewesen, den Tugendwächtern einmal nicht nachzugeben und die moralinsauren Wirrköpfe in ihre Schranken zu verweisen. Aber diese haben inzwischen eine derartige Marktmacht, dass es kein Unternehmen mit ihnen aufnehmen möchte. Schmerzhafte Umsatzeinbußen wären die Folge. So treibt der Wahnsinn immer neue Blüten. Stehen auch die Bewohner der Hausnummern 88 bald im Verdacht, einem rechten Terrornetzwerk anzugehören? Darf das deutsche Alphabet alle seine 26 Buchstaben auf Dauer behalten? Wird der „Hit" demnächst als angedeuteter Hitler-Gruß ausgelegt? Wo endet das Ganze? War früher der Ehebruch oder gar die ungewollte Schwangerschaft der gesellschaftliche Super-GAU, so ist es heute ein falsches Wort zur falschen Zeit. Und was falsch ist, bestimmt die Moralpolizei. Doch Faschismus hat auch im scheinbar edlen Gewand nichts Gutes. Die Deutschen lernen einfach nicht aus ihrer Geschichte.

(Klodeckel des Tages vom 11. Mai 2014)

„*Aus den Augen verloren*": Steuersünder reiten über den Hof

Mit besonderer Freude vergebe ich den „Klodeckel des Tages" an jene Prediger, die mit enormem missionarischen Eifer so gerne auf andere zeigen, wenn sie bei diesen auch nur die geringste Verfehlung wahrzunehmen glauben. Denn nicht selten entpuppen sich die selbsternannten Saubermänner am Ende als eben die Trickser, Günstlinge oder gar Schummler, die sie geradezu besessen in anderen sehen. So verhält es sich offenbar auch mit Anton Hofreiter, dem Vorsitzenden der Grünen-Fraktion im Bundestag. Was hatte der gewettert, als der „Fall Hoeneß" vor Gericht verhandelt wurde. „Steuerhinterziehung ist kein Kavaliersdelikt und gehört streng bestraft", war auf Hofreiters Abgeordneten-Homepage zu lesen. Hoeneß habe das Gemeinwesen bestohlen und es sei „abstoßend", dass ihm trotzdem noch „kumpelhaft der Arm um die Schultern gelegt" werde. Eine klare Meinung, die man natürlich so vertreten kann. Blöd nur, wenn man selbst nun dabei ertappt worden ist, jahrelang das Finanzamt geprellt zu haben. Und so fällt der grüne Toni tief, wenn er auch in der Höhe seiner Steuerhinterziehung nicht mit dem Uli mithalten kann.

Seine 2005 bezogene Berliner Zweitwohnung hatte der grüne Politiker seinerzeit „vergessen", anzumelden. Dafür muss er nun mit einer Geldbuße rechnen. Zudem belaufen sich die dem Finanzamt vorenthaltenen Zahlungen auf insgesamt fast 2.500 Euro. Die hat Hofreiter zwar in der vergangenen Woche nachgezahlt, doch die Staatsanwaltschaft dürfte jetzt gegen ihn ermitteln, wie es bei Steuerstraftaten von Bundestagsabgeordneten üblich ist. Kleinlaut teilte der sonst so meinungsfreudige Besserwisser mit, er sei „zerknirscht" darüber, die Anmeldung „aus den Augen verloren" zu haben. Das ist doch mal eine hübsche Umschreibung für den Tatbestand der Steuerhinterziehung. Respekt! Dann macht es dem blassen blonden Grünen sicher auch nichts aus, wenn die Bundestagsverwaltung künftig mal die Überweisung seiner Diäten „aus den Augen verliert". Und ganz sicher fühlt sich der Münchner mit dem etwas plumpen Steuersparmodell nun auch seinem bayerischen Mitstreiter mit dem Schweizer Konto näher, den er gerade noch des Diebstahls am Gemeinwesen bezichtigt hatte.

So gerät der von manchem eher als politischer Leichtmatrose wahrgenommene Hofreiter nun in raue See. Wer sich mehr als acht Jahre lang um seine Steuerzahlung drückt, muss sich fragen lassen, mit welchem Recht er im Bundestagswahlkampf höhere Steuern für andere gefordert hatte. Schmerzhaft fällt ihm nun vor allem die allgegenwärtige grüne Neigung auf die Füße, die Gesellschaft zu „richtigem" Verhalten erziehen zu wollen. Wer Vorschriften für so belanglos hält, dass er seine Pflichten „aus den Augen verloren" hat, kann sich kaum anmaßen, Regeln für andere aufzustellen. Das gilt auch für Hofreiters Fraktionskollegin Maria Klein-Schmeink, die sich als Nächste outen musste, lieber andere schöne Sachen mit dem Geld gemacht zu haben, als es dem Fiskus zu überweisen. Auch sie hatte die Anmeldung ihrer Berliner Zweitwohnung „aus den Augen verloren". Dass die beiden Grünen mit ihrer Steuervermeidung nicht allein dastehen, nutzt ihnen wenig. Und Hofreiter dürfte kaum trösten, dass ihm von Co-Fraktionschefin Göring-Eckardt sogleich „kumpelhaft der Arm um die Schultern gelegt" worden ist; Solidaritätsbekundungen für Gemeinwohldiebe findet er bekanntlich „abstoßend".

(Klodeckel des Tages vom 18. Mai 2014)

Für Mutti & Methusalem: GroKo kündigt Generationenvertrag

Der „Klodeckel des Tages" geht an die Große Koalition. Nur neun wackere Aufrechte von CDU und CSU verweigerten dem milliardenschweren Rentenpaket am Ende ihre Zustimmung im Bundestag. Der große Rest der ursprünglich auf bis zu 70 Abgeordnete veranschlagten Gegner ließ sich für die teuerste Rentenreform aller Zeiten einspannen, oder – was viel schlimmer ist – unterstützte das Unterfangen aus Überzeugung. Die Abgeordneten des Regierungspartners SPD standen ohnehin geschlossen hinter dem Deal. Wenn es ums maximale Geldausgeben geht, sind die Genossen seit jeher mit Begeisterung dabei. So war die Plünderung der Rentenkasse denn auch die Idee von SPD-Arbeitsministerin Andrea Nahles, die seit ihrem Amtsantritt durch einen sorglosen Umgang mit dem Treuhandvermögen der Steuerzahler auffällt. Unter anderem hatte sie zur Bewerbung eines Ego-Trips rund 1,5 Mio. Euro für eine Imagekampagne zum Rentenpaket ausgegeben. Damit sollten einerseits bereits Monate vor der entscheidenden Abstimmung im Bundestag Fakten geschaffen werden, andererseits kam der SPD die steuerfinanzierte Werbung in eigener Sache zur Europawahl wohl gerade recht.

Die Masche hatte Erfolg: Fast drei Viertel der Bundesbürger befürworten das Vorhaben. Und so groß der Widerstand der Gegner auch ist, halten erstaunlich viele Jüngere die nun beschlossene abschlagsfreie Rente mit 63 für richtig. Dabei übersehen sie, dass hiervon niemand profitiert, der jünger als 50 ist. Denn nur für die vor 1964 Geborenen bringt das Rentenpaket einen Vorteil. Wenn also heute so viele Befragte die Sache grundsätzlich gut finden, muss man sie fragen, ob sie wirklich eine Idee haben, was da beschlossen worden ist. Die Wohltaten für die Generation 50+ werden nämlich durch die Plünderung der Rentenkasse finanziert – mit den unausweichlichen Folgen zusätzlich steigender Rentenbeitragssätze und einer in wenigen Jahren aufgezehrten Rücklage des Rentensystems. Die Rechnung kommt also sehr bald, und die vielen Befürworter der Idee werden sich schon in wenigen Jahren verwundert die Augen reiben. Doch es ist wie immer: Fragt man danach, wer Freibier möchte, gehen alle Hände hoch. Wie das finanziert werden soll, interessiert erst einmal niemanden. Die Zeche will dann später aber auch keiner zahlen. Man könnte manchmal an der Menschheit verzweifeln.

Das Gesetzespaket ist aber nicht so sehr wegen der jährlich rund 2,5 Mio. Euro verschlingenden Wohltat für die ältere Generation problematisch, sondern durch die fast dreimal so teure Mütterrente. Die von der CSU in den Koalitionsvertrag geschriebene Wählerbeglückung kostet den Steuerzahler künftig jedes Jahr rund 6,5 Mio. Euro und bringt Müttern, deren Kinder vor 1992 geboren wurden, gerade einmal 26 bis 28 Euro brutto mehr pro Kind und Monat. Hier zeigt sich das Dilemma des Gießkannenprinzips, bei dem der Gemeinschaft Milliarden verlorengehen, ohne dass die Klientelpolitik den Nutznießern viel bringt. Dass dies aus der Rücklage der Rentenkasse finanziert wird, ist der eigentliche Skandal des am Freitag verabschiedeten Rentenpakets. Die Hurra-Rufer der Freibier-Fraktion sollten noch einmal ganz genau hinsehen, was ihnen die Große Koalition da beschert hat. Sie werden dann sicher bald feststellen, dass einem Bundestag, der nur noch aus „sozialen" und sozialistischen Parteien besteht, mehr denn je ein vernünftiges Regulativ fehlt...

(Klodeckel des Tages vom 25. Mai 2014)

Doppelt hält besser: Die journalistische Gier nach mehr Einfluss

Die deutsche Journalisten-Riege durfte sich in der abgelaufenen Woche wieder einmal mit sich selbst beschäftigen. Einen der Ihren stellte sie an den Pranger, nachdem dieser sich in einer Talkshow damit gebrüstet hatte, seine Stimme bei der Europawahl gleich zweimal abgegeben zu haben. Unbekümmert plauderte „Zeit"-Chefredakteur Giovanni di Lorenzo aus, er habe als Inhaber der deutschen und der italienischen Staatsbürgerschaft am vergangenen Wochenende doppelt gewählt. Ermöglicht hatte dies die Beflissenheit seiner beiden Heimatländer: Sowohl aus Italien, als auch aus Deutschland hatte di Lorenzo eine Wahlbenachrichtigung erhalten. Und erstaunlicherweise schlussfolgerte der politisch äußerst bewanderte Intimus von Altkanzler Helmut Schmidt daraus, dass er auch zweimal zur Urne schreiten dürfe. Dafür gibt's den „Klodeckel des Tages", denn es gehört schon ein spezielles Demokratieverständnis zu der Überzeugung, man dürfe bei einer Wahl mehrfach abstimmen. Der Durchschnittswähler, der sich ansonsten nicht viel aus Politik und Statuten macht, hätte hier wohl seine Skrupel gehabt.

Doch Zweifel beschlichen den zuweilen selbstgerecht daher kommenden Intellektuellen offensichtlich nicht. Und das, obwohl auf der Online-Plattform des von ihm höchst selbst verantworteten Wochenmagazins gerade einmal vier Tage vor seiner Stimmabgabe ein Artikel erschienen war, in dem die Problematik möglicher Mehrfachwähler mit Doppelpass ausführlich beleuchtet und die strafbare Handlung der Wahlfälschung thematisiert worden war. Bis zu fünf Jahre Haft drohen hierfür nach dem Strafgesetzbuch, doch di Lorenzo wird mit einer Geldstrafe davon kommen. Allerdings muss sich der begeisterte Urnengänger ernsthaft fragen lassen, warum ihm die einfache Stimmabgabe zu profan erscheint. Keine gute Figur gab der 55-Jährige zudem Mitte der Woche bei einem Vortrag zum Thema „Die Macht der Medien in Deutschland" ab, als er sich bei den anwesenden Kollegen darüber beklagte, wie ungerecht er behandelt werde. Zwar entschuldigte sich der Deutsch-Italiener für seine doppelte Wahlhandlung, doch flüchtete er sich zugleich in die Opferrolle und verstieg sich zu dem völlig unangemessenen Vergleich mit der Treibjagd auf Ex-Bundespräsident Wulff.

Für einen, der die Mechanismen der Szene seit mehr als 30 Jahren kennt und mitbestimmt, war dies ein recht peinlicher Auftritt. Di Lorenzo hätte besser geschwiegen. Doch vielleicht hat die Selbsterfahrung des Politik-Journalisten auch ihr Gutes: Der Talkmoderator hat einen neuen Aspekt in die Diskussion um die doppelte Staatsbürgerschaft eingeführt. Und an seiner Kollegenschelte ist durchaus etwas dran. Im Mittelpunkt sollte aber vor allem stehen, die recherchefaulen und sprachlich limitierten Protagonisten in den Redaktionsstuben wieder zu mehr Gründlichkeit und Disziplin anzuhalten. Schaden kann es zwar nicht, wenn di Lorenzo die Zunft ermahnt, „empathischer und verständnisvoller auf die Menschen zu blicken", doch zur Wahrheit gehört auch, dass ihnen oft die nötige Distanz fehlt: Regelmäßig machen sich Journalisten zu willfährigen Erfüllungsgehilfen politischer Ideologen. Der fehlenden Empathie steht weitaus häufiger eine mangelnde Kritikfähigkeit gegenüber. Dringender für di Lorenzo und seine Kollegen erscheint mir daher, sich wieder mehr Sachverstand und Unabhängigkeit zu erarbeiten.

(Klodeckel des Tages vom 1. Juni 2014)

Ferner liefen: Die Bedeutungslosigkeit der schmollenden Genderin

Es bedarf schon enormer Selbstbeherrschung, um den grotesken Gender-Wahnsinn halbwegs gelassen zu verfolgen. Da gibt es Universitäten, die nur noch weibliche Titel erlauben, politisch Überkorrekte, die einen Feldzug gegen die deutsche Sprache führen und Feministinnen, die jede männliche Gruppenansprache als Angriff auf die globale Weiblichkeit deuten. Die offenkundige Hilflosigkeit einer dem Gendering zum Opfer gefallenen Gesellschaft ruft beim resignierten Publikum nur noch Achselzucken hervor. Doch wenn von unseren Steuern bezahlte Staatsdiener denken, ihr Gleichstellungsterror rechtfertige eine Sonderbehandlung, mit der sie die staatlichen Ressourcen für ihre Ideologie missbrauchen können, darf dies nicht mehr nur mit Kopfschütteln oder gar Schmunzeln quittiert werden. Hier muss ein Exempel statuiert werden, das Nachahmer abschreckt und dem gemeinwohlschädigenden Treiben ein Ende bereitet. Daher fordere ich die sofortige Entlassung der Parlamentarischen Staatssekretärin Elke Ferner (SPD)!

Diese meldete sich zu Wochenbeginn über Facebook mit der Mitteilung zu Wort, sie werde ihr Ausweisdokument ans Kanzleramt zurücksenden, weil dieses die allgemeine Bezeichnung „Dienstausweis Parlamentarischer Staatssekretär" trage. „Es sollte sich herumgesprochen haben, dass es auch parlamentarische StaatssekretärINNEN gibt", giftete die Saarländerin, wobei schon die Schreibweise der weiblichen Form sie als zu allem entschlossene Frontfrau einer außer Kontrolle geratenen Genderbewegung ausweist. Doch statt des erhofften Beifalls der Netzgemeinde ergoss sich ein regelrechter Shitstorm über die perplexe

56-Jährige, die ihre Kritiker barsch abkanzelte, sie habe gehofft, „wir sind weiter als vor 30 Jahren". Ihr unpassender Hinweis, dass Krankenpfleger „ja auch nicht als Krankenschwester bezeichnet" würden, verpuffte. Offenbar ist Frau Ferner mit ihrer Tätigkeit im Bundesministerium für Frauen, Familie, Senioren und Jugend nicht ausgelastet. Sie sollte ihre Kraft besser in produktive Dinge stecken, statt sich mit dem Cover ihres Dienstausweises zu beschäftigen. Oder hat sie nach einem halben Jahr im Amt nur der Frust über die eigene Bedeutungslosigkeit gepackt?

Es ist ein offenes Geheimnis, dass der Posten eines Parlamentarischen Staatssekretärs im politischen Apparat kein sonderlich großes Ansehen genießt. Er wird vielmehr häufig dazu missbraucht, zu kurz gekommene Getreue ruhig zu stellen. Mit einer – gemessen am dürftigen Verantwortungsbereich – fürstlichen Entlohnung von 75% der Ministerbezüge soll verhindert werden, dass die Funktionärsreserve gegen jene Handvoll Parteikollegen aufbegehrt, die es zu Ministerehren gebracht hat. Parlamentarische Staatssekretäre, die ein Bundestagsmandat innehaben, kommen dabei auf rund 18.000 Euro pro Monat, von denen sie ein knappes Viertel sogar steuerfrei erhalten. Ein erstklassig bezahlter „Parkplatz" für Parteisoldaten also, der bei derzeit 33 Staatssekretären in den Bundesministerien einen zweistelligen Millionenbetrag pro Jahr verschlingt, rechnet man das jeweilige Büro samt Sekretariat und Dienstwagen hinzu. Finanziert wird die Farce von uns Bürgern. Schon lange fordert der Bund der Steuerzahler völlig zu Recht die Abschaffung der Parlamentarischen Staatssekretäre. Was Frau Ferner angeht, ist ein erster Schritt gemacht: Sie schickte ihren Ausweis am Montag zurück. Es wäre gut für Deutschland, wenn sie ihn nicht mehr wiederbekäme.

(Klodeckel des Tages vom 8. Juni 2014)

Sportliche Fairness: Die Angst der FIFA vor unbekanntem Terrain

Zum Start der Weltmeisterschaft geht der „Klodeckel des Tages" an den Weltfußballverband FIFA – aber nicht wegen der korrupt anmutenden Strukturen oder der offenkundigen Ignoranz menschenunwürdiger Arbeitsbedingungen auf den WM-Baustellen. Hier soll es um den Sport gehen. Und zu diesem gehören die Schiedsrichter und deren Assistenten, die nach nur drei WM-Spieltagen wieder einmal in der Kritik stehen. Nicht zuletzt die zahllosen Fehlentscheidungen einer Reihe offensichtlich überforderter Unparteiischer während der WM in Südafrika haben die greisen Männer der Regelkommission dazu bewegt, technische Hilfsmittel zuzulassen. So kommt in Brasilien eine Technologie zum Einsatz, die erzielte Tore zweifelsfrei belegen soll. Allerdings genügt dieser erste Schritt keinesfalls und ist zudem in Europa immer noch nicht vollzogen worden. Hier übernehmen diese Aufgabe Torlinienrichter. Doch inzwischen ist ein Punkt erreicht, an dem auch viele weitere Helfer an den Linien keine Verbesserung der Situation mehr bringen. Modernere Maßnahmen wären daher notwendig, etwa der Videobeweis zur sofortigen Überprüfung und Korrektur spielentscheidender Schiedsrichterfehler.

Die Verbandsfunktionäre schwelgen jedoch weiter in Fußballnostalgie und finden es bereichernd, wenn erboste Zuschauer nach einer Fehlentscheidung ihrem Frust freien Lauf lassen. Ebenso scheinen sich die Funktionäre an den Tränen jugendlicher Fans zu erfreuen, die einfach nicht verstehen können, warum Erwachsene offenkundige Ungerechtigkeiten tatenlos zulassen. Angeblich, so die Liebhaber des 19. Jahrhunderts, gehöre dies zum Spiel und mache den Fußball so schön. Eingriffe in Tatsachenentscheidungen von Schiedsrichtern lehnen sie strikt ab, ganz gleich wie grob der Fehler auch sein mag. Theoretisch könnte ein Unparteiischer auf Tor entscheiden, ohne dass eine der beiden Mannschaften in 90 Minuten auch nur einen Schuss abgegeben hätte – oder er gibt einen Elfmeter, dem nachgewiesenermaßen kein Foul vorausgegangen war, was häufiger passiert. So geschehen im WM-Eröffnungsspiel der brasilianischen Mannschaft gegen tapfere Kroaten, die dadurch auf die Verliererstraße gerieten. Wer dies für eine Bereicherung des Spiels hält, hat viel zu erklären.

Fußball ist mittlerweile ein Milliardengeschäft. Längst ist die Vermarktung das dominierende Kriterium, orientieren sich Anstoßzeiten an den Fernsehgewohnheiten und müssen die Spieler Schulungen durchlaufen, um zu lernen, wie man sich medial präsentiert. Nichts wird mehr dem Zufall überlassen, weil es um viel Geld geht. Da ist es völlig absurd, dass es nach wie vor unmöglich sein soll, die Hilfsmittel auszuschöpfen, die das 21. Jahrhundert bietet, um auch einen sportlich-fairen Verlauf des Spektakels zu gewährleisten. Wenn also so mancher Apparatschik meint, die sofortige Klärung strittiger spielentscheidender Sachverhalte auf dem Feld gefährde die Seele des Fußballs, möge er sich bei anderen Sportarten informieren. Eishockey etwa hat nichts von seiner Faszination eingebüßt, nur weil ein Oberschiedsrichter heikle Torszenen noch einmal überprüft. Auch vom Feldhockey, vom American Football oder vom Tennis ist nicht bekannt, dass eine begrenzte Anzahl erlaubter Einsprüche in kritischen Spielsituationen die Sportarten unattraktiver gemacht hätte. Fairness und Transparenz heißen die Zauberworte, die der FIFA jedoch ohnehin weitgehend unbekannt zu sein scheinen...

(Klodeckel des Tages vom 15. Juni 2014)

Der Leipziger Aufschrei: Darf ein Schwarzer „Neger" sagen?

In ihrem Wahn, der Menschheit vollkommene Gerechtigkeit zu schenken, sorgt die Universität Leipzig erneut für Kopfschütteln. Vor einem Jahr hatte die Hochschule mit der Änderung ihrer Grundordnung Aufsehen erregt, in der seither sämtliche Universitätsgrade und -titel nur noch in der weiblichen Form auftauchen. Den Vogel schoss nun das universitäre Referat für Gleichstellung und Lebensweisenpolitik ab, das sich so skurril präsentiert, wie es der zweite Teil der Referatsbezeichnung befürchten lässt. Wegen einer vermeintlichen Darstellung rassistischer Inhalte verlieh es – wie jetzt bekannt wurde – dem Carlsen-Verlag einen Schmäh-Preis. Die Hamburger hatten Ende letzten Jahres ein satirisches Buch herausgebracht, in dem sich der Autor Marius Jung die politische Korrektheit vorknöpft und humorvoll mit der allgegenwärtigen Sprachpolizei abrechnet. Schon das allein muss den Leipziger Gerechtigkeitswächtern als Blasphemie erscheinen. Dass das Werk aber auch noch den Untertitel „Handbuch für Negerfreunde" trägt, sorgte bei den Referatsmitgliedern für Schnappatmung. Niemand macht sich ungestraft über die Segnungen der Political Correctness lustig.

Dabei hätten sich die Überkorrekten die Aufregung sparen können. Mit etwas mehr Eifer bei der Recherche und weniger Lust am Ritual hätten sie bemerkt, dass Jung nicht nur über den verkrampften Umgang der Weltverbesserer mit Menschen anderer Hautfarbe schreibt, sondern selbst dunkelhäutig ist. So versteht er sein Buch vor allem als Appell eines direkt Betroffenen an die politisch Korrekten, es mit ihren Sprachtabus nicht zu übertreiben. Doch den offenbar nicht besonders humorbegabten Verantwortlichen hätte sich die Selbstironie des 49-Jährigen wohl auch dann nicht erschlossen, wenn sie sein Buch tatsächlich gelesen hätten. Ihnen reichte der Titel, in dem das „N-Wort" seine Rolle als Auslöser des Pawlow'schen Reflexes zuverlässig erfüllte. Gemeinsam mit vielen Millionen „Leidensgenossen" darf sich Jung nun darüber freuen, dass die Leipziger Aufpasser ihn vor sich selbst schützen. Denn natürlich wissen sie viel besser als die vermeintlich Betroffenen, wodurch diese sich diskriminiert fühlen. Wehe dem Behinderten, der sich durch die Umschreibung „besonders herausgefordert" nicht besser fühlt, oder dem Farbigen, der nicht dankbar dafür ist, nun schwarz sein zu dürfen.

Die weltfremden Eiferer haben ihrem Anliegen einen Bärendienst erwiesen. Der Durchschnittsbürger wünscht sich ohnehin weniger die Säuberung der Sprache, als vielmehr, dass sich die mit Steuergeldern finanzierten Universitäten doch bitte sinnvollen Dingen widmen mögen. Das dürfte wohl kaum zu viel verlangt sein und dem Ideal maximaler Gerechtigkeit durch eine sachgemäße Verwendung von Hochschulmitteln schon ziemlich nahekommen. Konfus gestaltete sich übrigens die für Mitte nächster Woche geplante „Preisverleihung", die von einer Podiumsdiskussion mit den Prangeropfern begleitet werden sollte. Weil sich das Interesse der 150 Prämierten an der Vorführung durch den „Wächterrat" des Referats nachvollziehbarer Weise in Grenzen hielt, wurde die Veranstaltung kurzfristig abgesagt. Ziemlich dumm gelaufen für die angeblichen Experten für Lebensweisenpolitik, die ihre Ideologie anderen künftig hoffentlich etwas weniger aufdringlich näherbringen werden. Vielleicht tröstet sie der „Klodeckel des Tages" – ganz ohne Urkunde und Podiumsdiskussion.

(Klodeckel des Tages vom 22. Juni 2014)

Die ramponierte Marke:
Wenn der Name zur Last wird

Marie-Agnes Strack-Zimmermann, stellvertretende Vorsitzende der FDP, darf sich über den heutigen „Klodeckel" freuen. Die Kommunalpolitikerin aus Düsseldorf, die im vergangenen Dezember in den Bundesvorstand der Liberalen aufstieg, schlug unter der Woche vor, die FDP möge sich zur Lösung ihrer Imageprobleme umbenennen. Zwar hat die ehemalige Düsseldorfer Bürgermeisterin recht in ihrer Analyse, dass die Marke FDP möglicherweise irreparabel beschädigt ist, doch erwies sie der Partei mit ihrem sicher gutgemeinten Vorschlag keinen Dienst. Vor allem jene betätigten sich in den sozialen Netzwerken als Ideengeber, die sich schon lange die völlige Vernichtung der FDP wünschen. „RIP" (Rest In Peace) und „UPD" (Unwichtigste Partei Deutschlands) waren dabei noch harmlose Umbenennungsvorschläge. Auch von den eigenen Mitgliedern kam mehr Spott als Zustimmung, weil viele das Problem an ganz anderer Stelle verorten. Es liegt in der Beliebigkeit der Positionen, der Anbiederung an den Zeitgeist und der verpassten Chance, die Gängelung der Brüsseler Eurokratie mitsamt der unsäglichen Euro-Politik als schwerwiegenden Eingriff in die Bürgerrechte zu geißeln.

Frau Strack-Zimmermann ist gewiss keine Dilettantin. Sie darf sich rühmen, bis Ende Mai Bürgermeisterin einer der wenigen schuldenfreien Städte in Deutschland gewesen zu sein, was für die Landeshauptstadt Nordrhein-Westfalens sicher ein ganz besonders schmückendes Etikett ist. Gerade deshalb ist es unerklärlich, wie eine so erfahrene Politikerin Millionen von FDP-Hassern eine derart ungeschickte Steilvorlage für deren Schmähungen liefern konnte. Partei-

Chef Lindner hatte Mühe, seine Verärgerung in freundliche Worte zu kleiden und den aufkommenden Shitstorm – auch aus den eigenen Reihen – in geordnete Bahnen zu lenken. Lindner war es, der Strack-Zimmermann seinerzeit erst den Weg in die FDP-Spitze geebnet hatte, wohl auch, um zu verhindern, dass jene Kräfte Mitsprache im Bundespräsidium erhalten, die sich seit Jahren eine inhaltliche Neuausrichtung wünschen. Doch dies konnte nicht verhindern, dass es an der Basis immer heftiger rumort. Gerade die kommunal aktiven Mitglieder wünschen sich „ihre FDP" zurück und fordern die Schärfung des liberalen Profils auch gegen den medialen Mainstream.

Was dabei sicher nicht weiterhilft, ist eine Umbenennung. Die FDP sollte lieber die Chance der aktuellen bundesweiten Bedeutungslosigkeit dazu nutzen, sich inhaltlich klar aufzustellen. Es ist absehbar, dass sie bis zur Bundestagswahl aus den meisten Landtagen verschwunden sein wird. Sie wird künftig vor allem als kommunalpolitische Kraft wahrgenommen werden. Dies bietet die Möglichkeit, sich durch Politik mit gesundem Menschenverstand und das Eintreten für ein bezahlbares Gemeinwesen wieder eine Daseinsberechtigung auch auf den übergeordneten Ebenen zu erarbeiten. Der FDP könnte dabei die Rolle als Anwältin des Bürgertums gegen einen sozialistischen Zeitgeist zufallen. Und sie könnte ein Alleinstellungsmerkmal dadurch erlangen, dass sie die Defizite einer immer weiter verwässerten Demokratie aufzeigt und Lösungsvorschläge macht. Die Abschaffung des Berufspolitikertums, das Beschneiden der Parteienmacht und die direktere Beteiligung der Bürger an politischen Entscheidungen wären Themen für einen Schulterschluss mit einem Wahlvolk, das sich immer stärker vom Parteienstaat abwendet.

(Klodeckel des Tages vom 29. Juni 2014)

Linksgrüner Wahn: Die WM der Nationalisten und Rassisten

Deutschland steht im Halbfinale! Ein Satz, der für Glücksgefühle sorgt. Der Traum lebt, endlich wieder einmal den Titel bei der Fußball-Weltmeisterschaft zu holen. Millionen Deutsche feiern ausgelassen jeden Sieg „ihres" Teams. Und sie freuen sich insgeheim oder auch ganz offen über das Scheitern so manches Erzrivalen, mit dem man nach Niederlagen in früheren Turnieren noch eine Rechnung offen hatte. Fahnengeschmückte Fenster und Balkone, Deutschland-Überzieher an den Autospiegeln und ins Gesicht geschminkte Nationalflaggen prägen das bunte Bild der WM-Tage. Sie sind Ausdruck eines besonderen Gemeinschaftsgefühls und großer Solidarität mit der eigenen Nationalmannschaft. Doch für die Jugend der Linken und Grünen ist das ein Problem. Argwöhnisch beäugt sie die nationale Begeisterung. Steht die geschwenkte Fahne vielleicht für einen gefährlichen Nationalismus? Ist es nicht rassistisch, den Sieg Deutschlands über eine andere Nation zu bejubeln? Und erst die ungezügelte Zurschaustellung nationaler Symbole! Muss das nicht unterbunden werden?

Nein, Ihr grünen und linken Spielverderber! Wir schwenken unsere Flaggen und tragen die Nationalfarben, weil wir stolz auf unsere Mannschaft sind. Das dürfen wir nämlich mit Recht sein. Wenn Ihr damit ein Problem habt, seid Ihr das Problem! Das möge sich auch die heutige Trägerin des „Klodeckels" mal hinter die Ohren schreiben. Denn für die Sprecherin der Grünen Jugend, Theresa Kalmer, führt Patriotismus zwangsläufig zu Nationalismus, was durch „soziologische Studien" angeblich belegt werde. Den „nationalistischen Hype" möchte sie am liebsten radikal unterbinden. Ganz handfeste Vorschläge machen dazu ihre linken Kollegen: Der Fahnenklau zum „Befreien des öffentlichen Raums von nationaler Symbolik" gilt dort als probates Mittel der Selbstjustiz. Die Grüne Jugend hingegen findet die Weltmeisterschaft in Brasilien an sich problematisch. Sie errechnet tagesaktuell den Preis eines WM-Tores, indem sie die immensen Kosten des Riesenspektakels für Mensch und Umwelt durch die Anzahl der Treffer teilt. Doch die Grünen wären nicht die Grünen, ginge es nicht vor allem um Ideologie. Die Kosten werden nämlich nicht nur in Euro ausgewiesen, sondern in Zwangsumsiedlungen und Kohlendioxidausstoß.

So informiert die Grüne Jugend unser schlechtes Gewissen darüber, dass wir 41 Tote und 1.613 Zwangsumsiedlungen bejubeln, wenn wir uns über ein WM-Tor freuen. Trickreich haben sie dabei die angeblichen Zwangsumsiedlungen für den Bau der olympischen Sportstätten dazugerechnet, damit die Zahl gewaltiger wirkt. Auch beim Kohlendioxidausstoß wurde eher dick aufgetragen, indem man ein früheres Turnier noch hinzuzählte – es wäre ja ansonsten nur halb so beeindruckend. Doch zurück zur Nationalsymbolik: Bei der Linksjugend löst jede Form des Wettstreits zwischen den Nationen größtes Unbehagen aus. Am liebsten also den Wettbewerb gleich ganz abschaffen, im Sport, in der Bildung und in der Gesellschaft sowieso. Warum mit Fleiß einem Ziel nachjagen, wenn es sich doch so viel harmonischer und anstrengungsloser erreichen lässt? Fußball-Weltmeister sind also per Akklamation ab sofort alle 193 offiziellen Staaten der Erde. Auch jene, in denen Fußball gar nicht gespielt wird. Und die 13 Länder, bei denen die Staatseigenschaft umstritten ist, natürlich auch - soll bloß keiner denken, wir hätten was gegen Transnistrien.

(Klodeckel des Tages vom 6. Juli 2014)

Auf den Spuren des ADAC: Der zwangsfinanzierte ZDF-Betrug

Wieder einmal darf sich das ZDF mit der unvorteilhaften Auszeichnung „Klodeckel des Tages" schmücken. Was in dieser Woche öffentlich wurde, überrascht niemanden, der sich einmal mit Agenturen und ihren Tricks bei Gewinnspielen beschäftigt hat. Dass jedoch die Redaktion selbst Hand angelegt hat, macht die Sache besonders unappetitlich. Grund für den Betrug war das Bangen um die Quote. „Deutschlands Beste" heißt die von Johannes Kerner moderierte Ranking-Show des Zweiten mit den vermeintlich beliebtesten deutschen Prominenten. Die Zuschauer hatten angeblich entschieden, dass die medial besonders gut präsentablen Herren Steinmeier und Beckenbauer vordere Plätze belegten. Auch die omnipräsente Helene Fischer rückte auf und gesellte sich zu SPD-Frontfrau Hannelore Kraft. Alles nur getürkt, wie sich nun herausstellte. Gleich im Dutzend wurde nach Belieben auf- und abgewertet, um jene nach vorne zu bringen, mit denen sich das ZDF den größtmöglichen Zuschauerzuspruch für die teure Sendung erhoffte. Für den Finanzminister ging's derweil steil bergab. Wer schaltet schon wegen Wolfgang Schäuble ein?

Schlimmer noch als der Betrug ist die Tatsache, dass man bei Bekanntwerden der massiven Manipulationen zunächst nur einräumte, „methodisch unsauber" gearbeitet zu haben, um später scheibchenweise das ganze Ausmaß zuzugeben. In frischer Erinnerung ist der ADAC-Skandal, bei dem sich der Automobilclub in ähnlicher Weise einen Teufel um das Votum der eigenen Leser scherte. Vor allem, um neue Modelle deutscher Hersteller zu pushen und möglichst alle inländischen Automobilkonzerne in den „Top 5" unterzubringen, wurde jahrelang systematisch beim „Goldenen Engel" geschummelt. Müssen wir auch beim ZDF von einem regelrechten System ausgehen? Es wäre naiv zu glauben, dass die nun aufgedeckte Manipulation ein Einzelfall ist. Das Vorgehen dürfte ohnehin medienübergreifend Methode haben, weil Mitmachsendungen letztlich immer nur den Zwecken des Ausrichters dienen. Das ist nicht verwerflich, kriminell wird es allerdings, wenn der oft kostenpflichtigen Teilnahme entweder keine wirkliche Gewinnauszahlung gegenübersteht oder das Votum in den Papierkorb wandert.

Einer, der im Ranking nach vorne manipuliert wurde, bezog Mitte der Woche deutlich Stellung: Claus Kleber, auch schon „Klodeckel"-Preisträger, bezeichnete seine Redaktionskollegen als „Idioten". Er war um elf Plätze nach oben geklettert, während die Nachrichten-Chefsprecher von ARD und RTL ähnlich weit nach hinten rutschten. Für das ZDF war es wohl unerträglich, in der eigenen Show nicht den „Heute-Journal"-Moderator als beliebtesten Nachrichtenmann zu präsentieren. Besonders niederträchtig ist der ganze Vorgang vor dem Hintergrund der internen „Richtlinien für die Sendungen und Telemedienangebote". In diesen hat man sich verpflichtet, dass die Berichterstattung „von vorbehaltlosem Willen zur Wahrhaftigkeit und Sachlichkeit bestimmt sein" muss. Die eigene Vorgabe scheint das ZDF nicht besonders ernst zu nehmen, was schon beim Einschalten der Nachrichtenformate des Senders auffällt. Die Mitglieder des ADAC konnten massenweise mit den Füßen abstimmen und ihre Mitgliedschaft kündigen, der Staatsfunk verwehrt uns diese Option. So werden wir auch weiterhin genötigt, die Machenschaften der überführten Betrüger durch unsere Zwangsabgabe zu finanzieren.

(Klodeckel des Tages vom 13. Juli 2014)

„*Gauchogate*": *Warum die Linken niemals die Welt retten werden*

Für den „Klodeckel des Tages" ist auch die Redaktion von Spiegel Online regelmäßig in der engeren Auswahl. Diese Woche darf sie sich mit dem Toilettenutensil schmücken, nachdem sie eine Diskussion in Gang gesetzt hat, die an Lächerlichkeit kaum zu überbieten ist. In ihrer Berichterstattung über den Empfang der Fußball-Weltmeister mokierten sich die Hamburger Internetjournalisten über den „Gaucho-Tanz", den man nun niemandem mehr erklären muss. Sie gaben damit sämtlichen Berufsbetroffenen ihr Thema im Sommerloch, nachdem der Aufruf Linker und Grüner zum Einrollen der Fahnen während der WM als Rohrkrepierer geendet war. Beseelt bemühten sich politische Erfüllungsgehilfen, eine diplomatische Krise herbeizureden. Selbst die einst bürgerliche FAZ glaubte sich mit der Behauptung an den Zeitgeist anwanzen zu müssen, Deutschlands Kicker hätten den in Brasilien erworbenen Ruf einer „weltoffenen, toleranten Nation" mit ihrem Auftritt sogleich wieder verspielt. Es bedurfte erstaunlicherweise der Süddeutschen Zeitung, die schlussendlich feststellte, die Debatte erzähle „wenig über die Gesinnung deutscher Fußballspieler und so einiges über den Stand der politischen Korrektheit in Deutschland". Volltreffer!

Es ist grotesk, dass die selbsterklärten Weltverbesserer des linken Spektrums und ihre weniger mit Überzeugung, als vielmehr mit moralinsaurem Erziehungsauftrag agierenden grünen Mitstreiter angesichts tausender Toter und sich täglich zuspitzender Kriege in Nahost, im Irak und in der Ukraine nichts Besseres zu tun haben, als über den politisch korrekten Zustand unserer Gesellschaft zu schwadronieren, nachdem ein paar siegestrunkene junge Männer ihrem Glücksgefühl freien Lauf gelassen hatten. Niemand ist zu Schaden gekommen, vom so sehnlichst herbeigeredeten Rassismus keine Spur. Doch wer gibt ein leichteres Ziel für linksgrüne Geschütze ab, als eine wehrlose Partymeute im Bück-Gang? Sich stattdessen mit den wirklich wichtigen Tagesereignissen zu beschäftigen, sich gar in die Komplexität der Weltpolitik einzuarbeiten, um dem eigenen Anspruch der Weltverbesserung auch nur einen kleinen Schritt näherzukommen, ist die Sache der Linken nicht. Und die der grünen Moralwächter schon gar nicht. Vom Fußball versteht man zwar ebenso wenig, doch eignet er sich zumindest als Spielball der eigenen Ideologie.

So lässt sich dessen Popularität nutzen, um mit Petitessen schnelle mediale Aufmerksamkeit zu erzeugen. Ginge es den „Gauchogate"-Schreihälsen wirklich um interkulturelle Respektlosigkeiten im Fußball, würden sie sich am Wochenende Zeit zum Besuch der Kreisklassenspiele in ihrer Umgebung nehmen. In den mit „Nationalmannschaften" gespickten Ligen findet zuweilen ein von den medialen Tugendwächtern ausgeblendeter Kulturkampf statt. Die Sportgerichte der unteren Instanzen beschäftigen sich Woche für Woche mit Fällen „überschäumenden Temperaments", aus denen mehr spricht als der Überschwang der Gefühle. Man möchte Journalisten und Politikvertretern des „PI-Zirkus" zudem mehr Robustheit im Umgang mit der Sprache des Fußballplatzes empfehlen. Ein Stadionbesuch zum Bundesliga-Start könnte Wunder wirken. Vielleicht aber würden die Verfechter der Political Correctness auch an der Erfahrung zerbrechen, die das Verlassen des eigenen Kokons mit sich brächte. So oder so – schaden kann es nicht.

(Klodeckel des Tages vom 20. Juli 2014)

Bekenntnisprobleme: Wie steht die Linkspartei zum Islamismus?

Es herrscht Krieg im Nahen Osten und niemand weiß, wie es jemals dauerhaften Frieden geben soll. Angesichts der Unversöhnlichkeit des Islams mit den übrigen Weltreligionen, die nirgendwo so deutlich zutage tritt, wie im Gaza-Streifen, bleibt wenig Hoffnung. Radikale Einpeitscher haben häufig leichtes Spiel bei einer Bevölkerung, der die Bildung fehlt, um zu verstehen, dass es jenen, von denen sie sich benutzen lassen, nicht um Religion geht, sondern um irrationale Herrschaftsansprüche auf dem Weg zur Errichtung eines Weltkalifats. Das Bild in deutschen Städten prägen derzeit antiisraelische Demonstrationen einer unheiligen Allianz aus Rechten, Linken und „Migranten aus der Türkei und arabisch-islamischen Herkunftsländern" (FAZ-Kolumnist Christian Geyer-Hindemith), die nach antisemitischen Parolen, Aufrufen zum Angriff auf jüdische Einrichtungen und Ausschreitungen bereits den Staatsschutz auf den Plan gerufen haben. Hier handelt es sich nicht um den judenfeindlichen Bodensatz der Gesellschaft, dessen man einfach nicht Herr zu werden scheint, sondern um die wachsende Gruppe zugewanderter Antisemiten, die unser Demonstrationsrecht dazu missbrauchen, um ihren blanken Hass auf Israel auszuleben.

Besonders schlimm ist, dass sich Teile der deutschen Politik einer volksverhetzenden und offenbar gewaltbereiten Anti-Israel-Bewegung anschließen. So geht der „Klodeckel" an den Landesverband der Linkspartei in Nordrhein-Westfalen, der gemeinsam mit der NRW-Linksjugend am Freitag letzter Woche zu einer Pro-Gaza-Demonstration in Essen aufgerufen hatte. Hinterher verteidigte er die von

Übergriffen auf pro-israelische Demonstranten und Hass-Tiraden begleitete Kundgebung vehement gegen heftige Kritik auch aus den eigenen Reihen. Erwähnenswert ist, dass sich mit Sahra Wagenknecht eine der bundesdeutschen Führungsfiguren der Linkspartei auf die Seite der NRW-Genossen schlug. Natürlich darf man die Politik jedes Staates kritisieren, auch die des Staates Israel. Natürlich ist jeder Krieg zu verurteilen und wirft unweigerlich die Frage der Verhältnismäßigkeit der Mittel auf. Doch wer dabei jahrzehntelange Terrorakte mit unzähligen Toten unter den Tisch fallen lässt und nur die Heftigkeit israelischer Reaktionen thematisiert, zeichnet ein Zerrbild. Deutsche Politiker sollten sensibel genug sein, sich nicht für einen Religionskrieg einspannen zu lassen.

Die aktuellen Geschehnisse und die migrantisch geprägte Judenhetze sollten auch den allesverstehenden Beschwichtigungsrhetorikern klarmachen, dass wir uns ohne Schönfärberei fragen müssen, wie wir mit der nicht unbedeutenden Zahl islamischer Mitbürger umgehen sollen, denen es offenbar an Toleranz, Säkularisationsverständnis und Integrationsbereitschaft fehlt. Wir können nicht länger die gescheiterten Bemühungen beweinen und uns in dauernder Selbstbezichtigung demütig gegenseitig dazu auffordern, mehr zum Gelingen der Integration türkischer und arabischer Einwanderer zu tun. Einzig das uneingeschränkte Bekenntnis der gesamten Politik zum jüdisch-christlichen Fundament Deutschlands entzieht islamistischen Tendenzen den Nährboden. Wer im Herzen Europas leben möchte, sollte dieses jahrtausendealte Vermächtnis anerkennen. Und eines muss deutlich gesagt werden: Judenhass als Teil eines falsch verstandenen islamischen Religionsbewusstseins ist keine kulturelle Bereicherung.

(Klodeckel des Tages vom 27. Juli 2014)

Gericht stoppt Hetzjagd:
Öl rettet Ugandas Homosexuelle

Den „Klodeckel des Tages" erhält Ugandas Staatspräsident Yoweri Museveni. Dieser hatte Ende Februar ein Gesetz besiegelt, das lebenslange Haftstrafen für homosexuelle „Wiederholungstäter" vorsieht und jeden Bürger verpflichtet, Homosexuelle anzuzeigen. Die zum Freiwild erklärten Schwulen und Lesben in Uganda sehen sich seither nicht nur der Denunziation ausgesetzt, sondern überdies einem sprunghaften Anstieg von Gewalttaten und Übergriffen. Gefeiert von christlichen und muslimischen Predigern, war Musevenis Gesetz bei weiten Teilen der Bevölkerung auf fruchtbaren Boden gefallen. Jetzt hat das Verfassungsgericht des ostafrikanischen Staates dem Spuk ein Ende bereitet. Vorausgegangen war die Klage mehrerer Menschenrechtsgruppen. die sich auf das Diskriminierungsverbot sowie das verfassungsmäßige Recht auf Privatsphäre und Würde berufen hatten. Es wäre jedoch vermessen zu glauben, in Uganda könne damit so etwas wie Normalität einkehren. Zu sehr wirken mehr als zwei Jahrzehnte grausamer Diktatur nach - trotz aller Demokratisierungsprozesse in den letzten 25 Jahren.

Man sollte meinen, dass ein Land, das Mitglied des Commonwealth of Nations ist und nicht weniger als 43 verschiedene Sprachen beheimatet, offener mit der Unterschiedlichkeit der Menschen umgeht. Sage und schreibe 40 verschiedene Völker leben auf dem Staatsgebiet Ugandas. Doch das 1962 von den Briten in die Unabhängigkeit entlassene Land blickt auf eine Historie ausufernder Gewaltexzesse zurück und wurde vor allem zu Zeiten des berühmt-berüchtigten Idi Amin über lange Jahre von bürgerkriegsähnlichen Zuständen erschüttert. Er war es auch, der sämtliche asiatisch-stämmigen Einwohner des Landes verwies und ethnische Säuberungen betrieb. Noch immer ist Uganda keine Demokratie, und auch Amins seit nahezu 30 Jahren regierender Nachfolger Museveni stützt sich auf einen autoritären Regierungsstil und das Militär. Zudem herrscht Musevenis Regierungspartei trotz einer 2006 vorgenommenen Verfassungsänderung bis heute im Parlament de facto allein. Nach Belieben kann der Machthaber daher schalten und walten - oder auch schon mal den Oppositionsführer verhaften lassen, wie 2011 geschehen.

Immerhin hat sich das bei Touristen beliebte Land unter Museveni wirtschaftlich erholt. Aber Homosexuelle müssen auch künftig langjährige Gefängnisstrafen fürchten. Denn das Verfassungsgericht erklärte lediglich Musevenis Verschärfungsparagraphen für „null und nichtig", das zugrundeliegende Gesetz, nach dem Homosexualität mit bis zu 14 Jahren Haft bestraft werden kann, gilt unverändert fort. So ist Uganda weiterhin meilenweit von Liberalismus und Weltoffenheit entfernt. Dazu passt auch die Urteilsbegründung des Gerichts: Nicht etwa die Unmenschlichkeit der Gesetzesverschärfung war Grund für die Annullierung, sondern ein simpler Formfehler bei der Abstimmung im Parlament. Man dürfte auch nicht ganz falsch mit der Vermutung liegen, dass erst der internationale politische Druck zur Entscheidung des Verfassungsgerichts geführt hat. Vor allem die im Juni beschlossenen Sanktionen der USA haben wohl eine Verschlimmerung der Situation für Ugandas Homosexuelle verhindert. Es waren allerdings eher handfeste wirtschaftliche Interessen, die die internationale Gemeinschaft auf den Plan gerufen haben: 2007 wurden größere Ölreserven in Uganda entdeckt...

(Klodeckel des Tages vom 3. August 2014)

Skurriler Stegner: Islamistenverfolgung schadet Doppelpass

Für die Verharmlosung islamistischer Terrorkämpfer bekommt SPD-Politiker Ralf Stegner den heutigen „Klodeckel". Trotz des unverminderten Zustroms deutscher Radikaler in die syrischen Terrorcamps und täglicher Meldungen über die Ausbreitung der mordlüsternen Terrorgruppe „Islamischer Staat" hält der Landesvorsitzende der schleswig-holsteinischen SPD nichts von Forderungen nach einer härteren Gangart gegen Islamisten. Während die IS-Terroristen weite Teile Syriens und des Irak mit ihrer brutalen Schreckensherrschaft überziehen, wittert der stellvertretende SPD-Bundesvorsitzende „Stammtischattacken" der politischen Konkurrenz. Unter anderem der keinesfalls als Hardliner verrufene Chef der nordrhein-westfälischen CDU, Armin Laschet, hatte dafür plädiert, deutsche Islamisten nach deren Rückkehr aus den syrischen Ausbildungscamps unter ständige Beobachtung zu stellen. Aus der CSU kam die Forderung, ausländischen Islamisten das Aufenthaltsrecht in Deutschland zu entziehen. Den Vormarsch des islamistischen Terrors glaubt Stegner jedoch mit den Mitteln des Strafrechts bekämpfen zu können, das seiner Meinung nach „alles, was dafür nötig ist, bietet".

Das mag in der Theorie so sein, doch sei die Frage erlaubt, wie wehrfähig unser Rechtsstaat angesichts des enormen Organisationsgrades und der menschenverachtenden Grausamkeit des IS-Terrors ist. Stegner ist natürlich nicht naiv. Er wird um die Gefahren wissen, möchte seine Klientel aber nicht vergraulen. Entlarvend ist die Unterstellung, es ginge darum, „das Instrument der Doppelten Staatsbürgerschaft zu diskreditieren". Die gespielte Entrüstung ist nicht mehr als eine Anbiederung an jene, die man mit der millionenfachen Ausreichung deutscher Pässe zum Stimmvieh befördern will. Wie anders soll man deuten, dass Stegner sachliche Überlegungen zum Umgang mit der wachsenden Anziehungskraft paramilitärischer islamistischer Gruppen als Angriff auf den Doppelpass interpretiert? Nein, Herr Stegner, das ist zu billig! Statt sich bei ihrer muslimischen Wählerschaft anzubiedern, sollten sie gemeinsam mit allen anderen politisch Verantwortlichen lieber darüber nachdenken, wie dem islamistischen Terror wirkungsvoll begegnet werden kann. Nicht nur hierzulande, sondern auch im Orient, aus dem der Flüchtlingsstrom nicht abreißt.

Mit der „Befreiung" des Irak hat die Weltgemeinschaft nur eines erreicht: Die Destabilisierung einer ganzen Region, in der unsere Maßstäbe von Demokratie völlig deplatziert sind. Kaum vorstellbar, dass dabei totale Unwissenheit der Wegbereiter war. Stegners Lamento wirkt skurril in einer Zeit, in der die deutsche Politik über den importierten Antisemitismus diskutiert und sich der Bundespräsident angesichts der Vorfälle bei Anti-Israel-Demonstrationen genötigt sieht, die Selbstverständlichkeit zu betonen, dass judenfeindliche Parolen auch von Muslimen nicht toleriert werden dürfen. Der offenkundige Hass, mit dem manche Muslime auf Juden blicken, aber auch die allgegenwärtigen Vorbehalte des Islam gegenüber anderen Religionen, machen es uns schwer, Bekenntnissen zur friedlichen Koexistenz Glauben zu schenken. Ganz offensichtlich gelingt es Extremisten und Hasspredigern durchaus, ihre radikale Auslegung des Korans bei so manchem Moslem zu verankern. Islam und Islamismus darf man nicht gleichsetzen. Doch im Nahen Osten scheint offener denn je, ob die Religion die Oberhand gewinnt, oder der Terror.

(Klodeckel des Tages vom 10. August 2014)

Durch die grüne Brille: Palmer und die Schönheit der Windräder

Zuletzt hat mich oft die Weltpolitik beschäftigt, vor allem der naive Umgang vieler Journalisten und Politiker mit dem Islamismus. Viel zu sagen hätte ich auch zu Claudia Roths Blitzbesuch im Irak zur Inszenierung eines Hintergrundmotivs für ihr selbstgerechtes Nein zu Waffenlieferungen an die vom IS-Terror bedrohten Kurden. Die Bundestagsvizepräsidentin wollte wohl mit Blick auf die Landtagswahlen in Sachsen, Thüringen und Brandenburg noch kurz die pazifistische Karte ausspielen, um unentschlossene Wähler zu den Grünen zu locken. Um Frau Roth soll es heute allerdings nicht gehen. Einen grünen Preisträger gibt es dennoch: Der „Klodeckel des Tages" geht an Tübingens Oberbürgermeister Boris Palmer, vielen bekannt aus der hitzigen Schlacht um das Bahnhofsprojekt „Stuttgart 21". Dieser las uns Skeptikern der Energiewende nun gehörig die Leviten. Im Hochgefühl der moralischen Überlegenheit offenbarte der grüne Überzeugungstäter dabei seine Verachtung für uns Normalsterbliche, die wir uns immer noch gegen die Zwangsökologisierung unseres Alltags wehren.

Zwar deutete Palmer seine Bereitschaft an, uns noch eine letzte Chance einzuräumen, ihm auf den Pfad der grünen Tugend zu folgen, doch zeigte er sich erbost darüber, dass wir „Bioprodukte für Firlefanz halten, große Autos in der Garage haben, nie Grün wählen würden und Umgehungsstraßen in freier Landschaft für einen Segen halten". Unverständlich sind Palmer auch unsere Vorbehalte gegen Windparks, die die vielen Besucher „offenbar nicht besonders abstoßend finden". Doch der grüne Windmühlenfan zieht die falschen Schlüsse aus dem Besucherstrom: Auch furchtbare Autobahnunfälle locken Scharen von Schaulustigen an. In seinem Rundumschlag gegen all jene, die sich der grünen Ideologie nicht fügen mögen, vermeidet Palmer jede Differenzierung zwischen sinnvollen Alternativen und der energiepolitisch unsinnigen Verspargelung der Natur, deren Schutz er und seine Mitstreiter einst in den Rang eines Staatsziels erhoben hatten. Er verschweigt, dass zum Aufstellen eines einzigen Windrads riesige Waldflächen gerodet, eingeebnet und betoniert werden müssen – von der Anlegung der Zufahrtswege ganz abgesehen.

In erstaunlicher Weise verniedlicht Palmer diese schweren Eingriffe, die er – man höre und staune – auch in den einstigen grünen Refugien der Landschafts- und Naturschutzgebiete sowie in Biosphärenreservaten für akzeptabel hält. Seine Behauptung, die verursachten Umweltschäden seien „minimal", ist eine Wahrheitsverfälschung, die an Demagogie grenzt. Geflissentlich unterschlägt der Sohn eines Obstbaumkundlers auch, dass das Bundesnaturschutzgesetz der grünen Zerstörungswut eine klare Absage erteilt. Dieses legt klipp und klar fest: „Großflächige, weitgehend unzerschnittene Landschaftsräume sind vor weiterer Zerschneidung zu bewahren". Genau dafür haben die Grünen einmal gekämpft. Eine Fülle von Gesetzen und Verordnungen haben sie uns beschert, vor allem so unsinnige wie die zum Schutz wandernder Kröten oder zum Umsiedeln seltener Insekten im Zusammenhang mit Bauvorhaben. Doch da sich die Gründungsideale überlebt haben, soll das Fortbestehen offenbar dadurch gesichert werden, dass die Naturschützer zu Gesinnungswächtern mutieren. Die grüne Gleichschaltung der Gesellschaft läuft auf Hochtouren. Selbstbestimmung und Eigenverantwortung liegen sauber getrennt auf dem Müll – wo bleibt der zivile Ungehorsam?

(Klodeckel des Tages vom 17. August 2014)

Korrekte Killer: Der Studenten-mord von Stuttgart

Heute geht der „Klodeckel des Tages" an die Landesregierung in Baden-Württemberg. Diese hatte mit ihrer Parlamentsmehrheit bereits im Frühjahr dieses Jahres für eine Änderung des Hochschulgesetzes gesorgt, die alle acht Studentenwerke des Landes zwingt, ihren Namen in das geschlechtsneutrale „Studierendenwerk" zu ändern. Nun haben auch die letzten wackeren Einrichtungen ihren verzweifelten Kampf aufgegeben und sich dem Gender-Diktat unterworfen. Als Anstalten des öffentlichen Rechts blieb ihnen am Ende nichts anderes übrig. Mehr als acht Jahrzehnte lang hatte sich niemand an einer Bezeichnung gestört, unter der Generationen von Studenten betreut wurden. Weder die alles gleichschaltenden Nationalsozialisten, noch die Deutschland beherrschenden Siegermächte und schon gar nicht die wechselnden politischen Mehrheiten hatten den Studentenwerken etwas anhaben können. Doch inzwischen führen Sprachsäuberer und Umerzieher ein erbarmungsloses Regiment. Jeder vermuteten Ungerechtigkeit wird mit größtmöglicher Härte begegnet.

Rheinland-Pfalz und Hamburg waren die Vorreiter der ebenso kostspieligen wie sinnfreien Umbenennung. Und fast muss man sich wundern, dass das seit 2011 grün-rot regierte Baden-Württemberg erst jetzt selbst auf die Idee kam, dem Genderwahn zu weiterer Geltung zu verhelfen. Immerhin sitzen inzwischen die eifrigsten Verfechter der Gleichstellungsorgie in den Reihen der Grünen. Dass ihr ideologisch verbohrter Aktionismus regelmäßig neue und oftmals noch größere Ungerechtigkeiten schafft, ist den Religionskriegern der politischen Korrektheit gleichgültig, geht es doch um ein „höheres Ziel". Dabei fehlt Normaldenkenden nicht nur der Sinn für die Maßnahme, sondern auch jedes Verständnis für die Kosten der Sprachbereinigung. So veranschlagen allein die beiden Studentenwerke in Karlsruhe und Tübingen jeweils einen sechsstelligen Euro-Betrag für die Anpassung sämtlicher hausinterner Dokumentation, die Neuanschaffung des Briefpapiers, den Wechsel von Hinweisschildern, Betriebsbekleidung und Fahrzeugpapieren, die Überarbeitung des Internetauftritts und die Änderungen der Grundbucheinträge.

Und all das nur, damit sich eine kleine Schar verbissener FeministInnen und deren übereifrige Helfershelfer einer durch und durch auf politische Korrektheit getrimmten Parallelgesellschaft beim täglichen Blick in den Spiegel besser fühlen. So groß ist inzwischen der politische und damit gesellschaftliche Druck, dass schon die Frage, ob das viele Geld nicht etwa sinnvoller für die wirklich drängenden Aufgaben der Studentenwerke verwendet worden wäre, als pure Blasphemie gilt. Besonders bitter sind die unnötigen Kosten für die Studenten selbst, die mit ihren mühsam erwirtschafteten Semestergebühren zur Finanzierung beitragen. Aber auch wir Steuerzahler bleiben keinesfalls ungeschoren. Denn die Einrichtungen finanzieren sich aus staatlichen Zuwendungen, und zwar nicht nur aus Zuschüssen des jeweiligen Bundeslandes, sondern auch aus Bundesmitteln und damit aus dem Topf aller Bürger. So groß die Empörung im sparsamen Ländle auch ist, sie wird die politisch Korrekten nicht stoppen. Kaum auszudenken, wenn eine vermeintliche Diskriminierung ihnen entginge. Ideologie ist Trumpf – da spielt die Vernunft keine Rolle. Denn würden die Gleichstellungsfanatiker dem gesunden Menschenverstand folgen, was bliebe ihnen dann noch?

(Klodeckel des Tages vom 24. August 2014)

Bitte links aussteigen: Manchem ist liberal nicht sozialistisch genug

Die FDP liegt am Boden. Zwar liegt zum Zeitpunkt des Erscheinens des heutigen Beitrags das Ergebnis der Landtagswahl in Sachsen noch nicht vor, doch deuten die Umfragen darauf hin, dass auch dort der Sturz in die politische Bedeutungslosigkeit droht. Und das, obwohl sich die Bilanz der letzten verbliebenen schwarz-gelben Koalition auf Landesebene durchaus sehen lassen kann und die Sachsen-FDP als Hochburg echter Liberaler gilt. Doch es gibt immer weniger Menschen in Deutschland, die der Meinung sind, dass die FDP noch gebraucht würde. Vielen ist die FDP zu beliebig in ihren Positionen, nachdem die Parteiführung aus dem Scheitern bei der Bundestagswahl den fatalen Fehlschluss gezogen hatte, man müsse sich als liebenswerter Kümmerer sozialer Interessen neu erfinden. Dies ist nicht nur wenig authentisch, sondern macht die FDP als fünfte sozialdemokratische Kraft im etablierten Parteienspektrum in der Tat überflüssig. In weiter Ferne liegt das von Parteichef Christian Lindner formulierte Ziel, den vielbeschworenen Geist sozialliberaler Regierungen wiederauferstehen zu lassen. Und das ist gut so.

Lindners Linksdrall sorgt für gewaltige Unruhe unter den Liberalen und dürfte einer der Hauptgründe dafür sein, dass die FDP inzwischen bei nur noch 3% Zustimmung dümpelt. Umso mehr sorgte am Wochenende die Ankündigung ausgerechnet einiger FDP-Politiker des linken Flügels für Erstaunen, man werde in Kürze eine neue Partei gründen, weil der sozialliberale Lindner-Kurs nicht weit genug nach links führe. Der „Klodeckel des Tages" ist den Initiatoren um den ehemaligen stellvertretenden Vorsitzenden der Hamburger FDP, Najib Karim, damit sicher. Die Grundzüge ihres Parteiprogramms lesen sich wie ein sozialistisches Manifest. Wortgewaltig werden die „Zwänge der neuen, anonymen und international agierenden Monopole" gegeißelt und die Menschen dazu aufgerufen, der „Perversion des Liberalismus" etwas entgegenzusetzen. Man wolle nicht länger Teil einer FDP sein, der man unterstellt, sich als Lobbyist „speziell bürgerlicher Interessen" zu definieren. Mit der Abgrenzung zum Bürgertum offenbaren die Aussteiger ihre Gesinnung – und lassen den ratlosen Beobachter mit der offenen Frage zurück, warum sie sich nicht lieber den kapitalismusfeindlichen Kollegen der Linkspartei oder der Piraten anschließen.

Vor über 30 Jahren ist eine sozialistische FDP-Abspaltung schon einmal gescheitert. Die „Liberalen Demokraten" vermochten niemals nennenswerten Zuspruch zu erlangen und es gibt wenig Grund zu glauben, es könnte diesmal anders sein. Wer sich nach 1970er Jahren zurücksehnt, als FDP und SPD ein Regierungsduo bildeten, verkennt ohnehin die Besonderheit der politischen Rahmenbedingungen jener Ära. Angesichts des Ost-West-Konflikts, tiefer wirtschaftlicher Krisen mit erbitterten Arbeitskämpfen und eines schwierigen deutsch-deutschen Verhältnisses hatten damalige Liberale keine Mühe, den Freiheitsbegriff mit Leben zu füllen. Zwar gibt es auch heute vielfältige Bedrohungen der persönlichen Freiheit, doch werden diese von der Mehrheit offenbar als weniger wichtig angesehen. Vielleicht hat sich der Liberalismus in einer saturierten Demokratie einfach überlebt. Zumindest muss er neu definiert werden: Heute wird die Freiheit vor allem von der Politik selbst bedroht. Doch welcher Politiker würde schon dafür eintreten, dass die Bürger vor ihm geschützt werden?

(Klodeckel des Tages vom 31. August 2014)

Die „Shariah Police": Westfalens Parallelgesellschaft auf Streife

Heute geht der „Klodeckel" an Sven Lau. Der Salafisten-Prediger, der als Terrorverdächtiger in Untersuchungshaft unrühmliche Bekanntheit erlangt hat, patrouilliert neuerdings in Wuppertal gemeinsam mit seinen Gesinnungsgenossen auf Scharia-Streife. Nach dem Vorbild englischer radikaler Muslime sprechen mit Warnwesten uniformierte Islamisten nun auch hierzulande gezielt junge Männer mit islamischem Migrationshintergrund an, um ihnen die vermeintlichen Sünden vorzuhalten. Vor allem sollen sie zum Moscheen-Besuch bewegt und letztlich wohl für den Heiligen Krieg rekrutiert werden. Die selbsternannte „Shariah Police" hat es sich dabei zur Aufgabe gemacht, den Nachtschwärmern vor Diskotheken und Bars aufzulauern, um sie auf ihr unislamisches Verhalten anzusprechen. Auf Handzetteln verkündet die „Islamisten-Polizei", die Party-Gänger befänden sich in einer Scharia-kontrollierten Zone. Der Dschihad ist mitten in Deutschland angekommen, und es ist kein Zufall, dass sich das Zentrum des deutschen Salafismus in Nordrhein-Westfalen befindet. Viel zu lange hat die rot-grüne Landesregierung Nachsicht walten lassen und das Problem des radikalen Islam bagatellisiert.

Umso markiger tritt nun der um Schadensbegrenzung bemühte SPD-Innenminister Ralf Jäger auf. Dieser verkündete am Samstag, dass Aktionen der islamistischen Sheriffs ab sofort unter Strafe gestellt würden. Wie dies in der Realität aussehen soll, bleibt sein Geheimnis. Viel mehr als die Feststellung der ohnehin in den meisten Fällen bereits bekannten Personalien und das Einsammeln der orangefarbenen Warnwesten lässt das deutsche Recht nicht zu.

Hier kämpft der Rechtsstaat mit Fliegenklatschen gegen zu allem entschlossene Gotteskrieger. Belustigt dürften Lau und seine uniformierten Hilfspolizisten Jägers Feststellung zur Kenntnis nehmen, man werde „Parallelstrukturen und Paralleljustiz in diesem Land keinesfalls" zulassen. Diese gibt es nämlich längst, während naive Politiker regungslos zuschauen. Ob libanesische Clans in Berlin, die italienische Mafia in Baden-Württemberg oder die Salafisten in Nordrhein-Westfalen – in einigen Regionen hat die Staatsmacht den Kampf bereits verloren. Grund ist eine falsch verstandene Toleranz, die von Radikalen ebenso ausgenutzt wird, wie von Personen, die ihren Geschäften lieber im Halbdunkel scheinbar rechtsfreier Räume nachgehen.

„Der Rechtsstaat hat heute geantwortet", tönte Jäger am Samstag. Entschlossenheit und Stärke wollte er zur Schau stellen und gab doch nur das jämmerliche Bild eines kapitulierenden Rechtsstaats ab. Die überreife Demokratie des 21. Jahrhunderts stößt an Grenzen, weil sie nahezu alles zulässt. Sie will niemanden benachteiligen oder gar ausschließen und hat eine Heidenangst davor, es könnte ein Unrecht geschehen. Und genau deshalb ist sie für so manches Unrecht verantwortlich. Die ungestörten Einschüchterungsversuche der Salafisten auf offener Straße sind hierfür ein Beispiel. Nur mit Worten können sich Politik und Justiz wehren, wo der gesunde Menschenverstand weitaus wirkungsvollere Maßnahmen wüsste. Es ist grotesk, dass der Rechtsstaat radikale Demokratiefeinde gewähren lässt, wo er doch kein Erbarmen mit Autofahrern oder Steuerzahlern kennt und auch das Mitwirken am Öko-Wahn rigoros durchsetzt. Aber vielleicht liegt ja hier der Schlüssel zum Erfolg: Könnte man die Salafisten nicht dafür drankriegen, dass sie ihren Müll nicht trennen?

(Klodeckel des Tages vom 7. September 2014)

Grüner Super-GAU: Ein Dirndl mit atomarer Sprengkraft

Sie können es nicht lassen. Grüne lieben Vorschriften – zumindest, wenn sie von ihnen selbst stammen. So sehr sich die blassen Führungsfiguren auch bemühen, der Verbotspartei ein anderes Image zu geben – an der Gesinnung ihrer Mandatsträger ändern sie nichts. Wie auch? Wer sich einer durch und durch ideologisierten Gruppierung anschließt, dürfte wohl kaum mit dem Freiheitsgen des Liberalismus gesegnet sein. Da unterscheiden sich die radikalen Milieus nur wenig, welche Farbe sie auch tragen. Einmal mehr deutlich wurde dies im Wochenverlauf im Bundestag. Per Twitter mokierte sich die Karlsruher Grünen-Abgeordnete Sylvia Kotting-Uhl über das Dirndl-Outfit der CSU-Kollegin Dorothee Bär. Sie ließ die Netzgemeinde wissen, dass die Tracht hinterwäldlerisch sei – und Bärs bayerische Landsleute wohl auch. „Die Bayern finden´s passend, der Rest der Welt rückständig", schwang sich die Grüne zur Sprecherin der Allgemeinheit auf. Dabei ist sie im Hauptberuf bloß atompolitische Sprecherin, oder besser gesagt: Anti-Atomsprecherin. Aber offenbar kann so ein Dirndl atomare Sprengkraft entfalten. Man mag sich kaum ausmalen, was losgewesen wäre, hätte ein Mitglied einer anderen Partei eine solche Verunglimpfung von sich gegeben. Doch bei Grünen sind unsere Medien nachsichtig.

Und auch die medial auf grün getrimmte Gesellschaft verzeiht den Sonnenblumenanbetern fast alles. Intoleranz und Diskriminierung wird geduldet, solange sie von den Grünen kommt. Es ist beklemmend, wie ein Land im Verlauf nur eines Jahrzehnts in einen grünen Dämmerschlaf versunken ist. Was den Zusatz „öko" oder „bio" trägt, wird nicht mehr hinterfragt. Und die Erfinder des Waldsterbens dürfen weiter gängeln, bevormunden, umerziehen und maßregeln. Sie machen das Leben jeden Tag teurer und die Deutschen akzeptieren es, obwohl immer offensichtlicher wird, dass die grüne Verbots- und Regelungswut ihren erklärten Zielen zuwiderläuft. Inzwischen halten die Grünen es gar für ökologisch, riesige Waldflächen für ein paar Windräder zu zerstören. Was ist nur passiert? Wie sind wir den Gehirnwäschern auf den Leim gegangen? Sollten Sie glauben, keiner dieser Gehirngewaschenen zu sein, fragen Sie sich doch mal, warum Sie einem knappen Zehntel der Gesellschaft so viel Macht über Ihr Leben gegeben haben.

Doch zurück zur Dindlgate-Affäre: Worum sorgt sich die grüne Kleidungswächterin? Ist es die Angst, der CSU-Frau könnte zu viel männliche Aufmerksamkeit zuteilwerden? Wird die politische Debatte gar durch ein volkstümliches Kleid gänzlich verlottern? Oder ist es eine tiefe Abneigung gegen Bayern, seine Tradition, seine Kultur, seine Menschen? Es ist verblüffend, wie doppelzüngig grün daherkommt: Hier die Sonntagsreden von Offenheit, Toleranz und Vielfalt, dort die kleingeistige Kleidungsvorschrift für den Plenarsaal. Wird der grüne Drang nach Uniformität beim Kleidchen Halt machen? Werden als nächstes bestimmte Farben geächtet? Was ist mit Schmuck? Wie viel Rouge ist gestattet? Darf das Haar offen getragen werden, oder ist es hochzustecken? Wie steht es um Bärte? Darf es überhaupt Unterschiede zwischen Mann und Frau geben? Hier zeigt sich die Gefahr grüner Verbotsideologie, die nicht mehr nur im Umweltbereich festlegen will, was wir dürfen. Wollen wir wirklich weiter wegschauen? Irgendwann werden wir uns vor nachfolgenden Generationen rechtfertigen müssen. Niemand ist ohne Schuld.

(Klodeckel des Tages vom 14. September 2014)

Vernunft vs. Ideologie: Kretschmann spaltet die Grünen

Auch in dieser Woche liefern die Grünen die Schlagzeilen für den „Klodeckel des Tages". Diesmal hat sich Claudia Roth die Auszeichnung verdient. In harschen Worten kritisierte sie zum Wochenausklang ihren Parteikollegen Winfried Kretschmann öffentlich dafür, dass dieser in der Bundesratsabstimmung zur Asylrechtsreform nicht die Parteiinteressen im Kopf hatte, sondern das Wohl der Bürger des von ihm geführten Bundeslandes. Baden-Württembergs Ministerpräsident hatte sich dem schwarz-roten Gesetzesentwurf angeschlossen, einigen Balkanstaaten den Status sicherer Herkunftsländer zu verleihen, um von dort einreisende Asylsuchende leichter in ihre Heimat zurücksenden zu können. Damit hat der Bundesrat der Realität Rechnung getragen, dass in Ländern wie Bosnien-Herzegowina, Serbien oder Mazedonien 20 Jahre nach dem Jugoslawien-Krieg keine Verfolgung mehr droht. Die gute Nachricht ist den grünen Angstmachern naturgemäß ein Dorn im Auge. Für Grüne kann es nichts Schlimmeres geben als Frieden und Sicherheit.

Mit dem Bundesratsvotum Baden-Württembergs bricht für Claudia Roth eine Welt zusammen. Kretschmann unterscheide zwischen „richtigen und falschen Flüchtlingen". Doch in keinem anderen Land genießen Asylsuchende so viel staatliches Wohlwollen wie in Deutschland. Wenn wir vom Recht auf Asyl sprechen, kann es also nur „richtige" Flüchtlinge geben, nämlich die, denen nach unseren Gesetzen Asyl zu gewähren ist. Alle anderen sind herzlich willkommen, können sich aber eben nicht auf besondere staatliche Unterstützung berufen. Warum auch? Wer in

Deutschland neu anfangen möchte, weil er sich hier einen höheren Lebensstandard verspricht, kann dies gerne tun. Warum aber schieben Linke und Grüne der Gesellschaft auch für diese Neuankömmlinge die finanzielle und moralische Verantwortung zu? Wer Angst um Leib und Leben hat, soll in Deutschland eine sichere Zuflucht finden. Ohne Wenn und Aber. Alle anderen müssen aus eigener Kraft und im Wettbewerb mit den hier Lebenden zum Erfolg kommen. Oder ihr Glück woanders versuchen. Vor allem müssen sie die Bereitschaft mitbringen, sich in die sie aufnehmende Gesellschaft einzufügen. Ohne Wenn und Aber.

Als „Signal der Härte" beweint Roth die Asylrechtsreform und übersieht dabei, dass die links-grünen Allesversteher mit ihrer undifferenzierten Haltung den Kitt des gesellschaftlichen Zusammenhalts sprengen. Wer angesichts der Schwierigkeiten der Städte und Gemeinden vom hohen Ross der Berliner Politik diejenigen an den Pranger stellt, der vor Ort echte Probleme lösen müssen, macht sich entbehrlich. Es tut gut, dass dem baden-württembergischen Ministerpräsidenten die Suche nach Lösungen wichtiger ist als die Befindlichkeiten der eigenen Partei. Er muss sich den Menschen vor Ort stellen – und nicht nur den Politik-Feuilletons. Es wäre spannend, Frau Roth einmal in politischer Verantwortung zu erleben. Nicht als Parteichefin mit Sonntagsreden, als Parlamentarierin in Ausschüssen oder als Wahlkampfreisende, sondern als Bürgermeisterin, Landrätin oder Ministerpräsidentin. Natürlich würde sie für kein solches Amt kandidieren. Lieber predigt sie von der hohen Kanzel des Gutmenschentums herab. Roth wirft Kretschmann vor, die Glaubwürdigkeit der Grünen zu gefährden. Dabei sind es die Claudia Roths dieser Welt, die der Politik jede Glaubwürdigkeit nehmen.

(Klodeckel des Tages vom 21. September 2014)

Ein Update mit Folgen: Wenn sich die Kundschaft veräppelt fühlt

Heute wandert der „Klodeckel" mal nicht an die Politik, sondern an einen Konzern, der in der abgelaufenen Woche eine Pleite erlebte, die mit dem seinerzeitigen „Elchtest" der kippenden A-Klasse vergleichbar ist. Ungeduldig erwartet von der hörigen Anhängerschaft, zog sich Apple mit seinem neuen iPhone sogleich den Zorn von mehr als 10 Millionen Kunden zu. Dabei soll es nicht um die paar Schlaumeier gehen, die testen wollten, was die kleine Alu-Schachtel so alles aushält. Wer ein fast 700 Euro teures, inzwischen ziemlich großes, aber millimeterflaches Hightech-Gerät achtlos in die Gesäßtasche steckt, verdient die Erfahrung, dass dieses anschließend verbogen wieder zum Vorschein kommt. Gut lachen hatte einer der Handykiller dennoch: Mit seinem Youtube-Video erzielte er in kürzester Zeit Werbeerlöse, die für Hunderte neuer iPhones ausreichen. Aber vielleicht will er ja auch gar kein neues. Das Apple-Image bekommt nämlich immer mehr Kratzer. Und dies könnte manchen davon abhalten, sich den teuren Alleskönner der Amerikaner zuzulegen, zumal die asiatische Konkurrenz längst Vergleichbares viel günstiger anbietet.

Ein Fiasko erlebten die Nachfolger des seligen Steve Jobs bereits zum Verkaufsstart, als nach dem Update des Betriebssystems beim iPhone der neuesten Generation nichts mehr ging. Als dann auch noch die ersten Meldungen verbogener Handys aufkamen, brach der Aktienkurs ein: Fast 20 Milliarden Euro an Börsenwert löste sich zwischenzeitlich in Luft auf. Zwar hat sich die Aktie wieder erholt und notiert immer noch in der Nähe ihres Allzeithochs, doch scheint der einstige Star am Hightech-Himmel ein echtes

Problem zu haben. Und so verwundert es nicht, dass die Führungsriege zu Wochenbeginn größere Aktienpakete abstieß, um Kasse zu machen. Das ist nichts Unrechtes, lässt aber die Frage zu, wie sehr man selbst an weitere Erfolge glaubt. Zu stark ist die Konkurrenz inzwischen. War Apple unter Jobs ein Trendsetter, der Produkte für gehobene geschmackliche und funktionale Ansprüche anbot, kommen die neuesten Mobilfunkgeräte eher unhandlich und überladen daher. Keine feinen Handschmeichler im edlen Design mehr, für die sich eine Bedienungsanleitung erübrigte, weil sie intuitiv zu benutzen waren, sondern der fragwürdige Versuch, die eierlegende Wollmilchsau im Handyformat zu gebären. Oft ist weniger halt mehr.

Es scheint, als sei der kalifornischen Ideenschiede mit dem Tod des Firmengründers das Gespür für künftige Trends abhanden gekommen. Natürlich lässt sich aber auch die heutige IT-Welt nicht mehr in dem Maße revolutionieren, wie dies noch zu Beginn des Jahrtausends der Fall war. So bietet das neue iPhone wenig wirklich Neues. Sei´s drum, Millionen Apple-Stammkunden werden auch weiterhin auf die Produkte des Hauses schwören. Doch wie viele kommen künftig hinzu? Neue Käufer soll die für das kommende Jahr angekündigte Apple Watch anlocken. Ob aber die Armbanduhr der nächste große Renner wird, darf bezweifelt werden. Wer mindestens ein iPhone 5 besitzt, mag sich freuen, dass er die wichtigsten Informationen seines Handys künftig auf der Uhr ablesen kann. Doch braucht man das wirklich? Und ob Mondphasen im Uhrendisplay das Leben bereichern, sei ebenfalls dahingestellt. Hartnäckig hält sich auch das Gerücht eines schlappen Uhren-Akkus. Für viele ist es unvorstellbar, doch wäre Apple nicht der erste IT-Dinosaurier, über den die Zeit hinweggeht.

(Klodeckel des Tages vom 28. September 2014)

Rassismus mit Rassekatze: Ein Comic im Visier der Tugendpolizei

Die Wohlmeinenden treiben weiter ihr Unwesen. Diesmal sitzen sie im Hause Amazon, wobei man ihnen in diesem Fall noch mildernd anrechnen muss, dass es in den Vereinigten Staaten allzu leicht ist, wegen alberner Bagatellen auf Unsummen verklagt zu werden. Davor fürchten sich vor allem Firmen. Die Angst vor der wohl aggressivsten Juristenschar der Welt bewahrt den Amazon-Konzern jedoch nicht vor dem „Klodeckel des Tages". Seine auf den Vertriebsplattformen „Amazon Prime" und „iTunes" angebotenen Comics von „Tom und Jerry" versieht er neuerdings mit dem Hinweis, die populären Zeichentrickfilmchen von Katz' und Maus könnten „ethnische und rassistische Vorurteile beinhalten, die zur damaligen Zeit in der amerikanischen Gesellschaft weit verbreitet waren". Offenbar muss die Menschheit nun schon vor der Vergangenheit geschützt werden. Zumindest aber wohl davor, durch den Genuss eines Kunstwerks auf falsche Gedanken zu kommen. Wird Amazon sich in vorauseilendem Gehorsam bald auch für zotige Witze im Komödienangebot entschuldigen, versehen mit dem Ehrenwort, dass das in etwaigen Äußerungen von Filmfiguren zum Ausdruck gebrachte Frauenbild keinesfalls geteilt werde?

Wo sind wir hingekommen, wenn Moralwächter und Gesinnungspolizisten inzwischen den Lauf der Welt bestimmen? Längst ist die Politik ihre Marionette. Sie haben alle gesellschaftlichen und wirtschaftlichen Bereiche durchdrungen und nutzen ihr Netzwerk, um uns so lange eine scheinbare öffentliche Meinung vorzugaukeln, bis wir es glauben. Sie sorgen dafür, dass niemand mehr ein öffentliches Amt bekleiden darf, der sich dem Tugendterror nicht unterwirft. Und Medienkonzerne müssen sich dafür rechtfertigen, dass sie Zeichentrickfilme im Angebot haben, die als Produkt ihrer Zeit damalige Verhältnisse widergeben. So wie „Tom und Jerry", wo man eine offensichtlich dunkelhäutige Haushaltsangestellte sieht. Eigentlich nur ihre Beine – abgesehen von einer einzigen Folge. Eine gemalte Trickfigur, die schwarz ist und als Dienstmädchen arbeitet. Generationen von Jugendlichen, zu denen auch meine Geschwister und ich gehörten, hatten viel Spaß mit der dummen Katze, die immer aufs Neue in die Falle der listigen Maus tappte und dabei sichtlich körperlichen Schaden nahm, um in der nächsten Szene wieder topfit zu sein.

Man hätte reichlich Anstoß nehmen können, wenn man es mit dem Tierschutz hält. Denn immerhin gingen die beiden Hauptfiguren nicht eben zimperlich mit sich und den anderen tierischen Nebendarstellern um. Dass stattdessen „Tom und Jerry" einmal als Übermittler rassistischer Gesinnungen herhalten müssen, zeigt die ganze Verdorbenheit unserer Zeit, in der die Umerzieher, Sprachsäuberer und Gedankenmanipulierer unter dem Deckmantel des Gutmenschentums ihren Terror über den wehrlosen Rest der Normaldenkenden ausüben. Und dies mit dem Gütesiegel der Politik. Schlimm ist jedoch vor allem, wie widerstandslos weite Teile der Gesellschaft dies hinnehmen. Der deutsche Michel macht alles mit, solange man ihn weitgehend in Ruhe lässt und das Geld für die Kiste Bier am Wochenende reicht. Er sollte sich aber nicht zu sicher sein, dass man ihm sein Bier noch lange lässt – denn wer weiß, was als nächstes kommt. Noch können wir dem Tugendterror Einhalt gebieten! Für den Anfang würde es schon genügen, die innere Stimme der Vernunft wiederzuentdecken.

(Klodeckel des Tages vom 5. Oktober 2014)

Die diskriminierte Staatsmacht: Verdacht auf kritische Nachfrage

Seit Jahren warne ich vor dem sich schleichend vollziehenden Wandel unserer Demokratie hin zur Diktatur. Keine plumpe Terrorherrschaft wie die von rechts oder links im 20. Jahrhundert, sondern subtiler und daher viel gefährlicher: Eine Meinungsdiktatur, die ihre Opfer nicht einfach umbringt oder wegsperrt, sondern sie einer Gehirnwäsche unterzieht, um sie zu willfährigen Mittätern bei der Errichtung einer Einheitsgesellschaft von Denk-Ariern zu machen. Widerspruch wird nicht geduldet. Egal, ob es um die Umweltpolitik geht, bei der die Ideologen zwar auf breiter Front entlarvt sind, aber ungeniert weiter gängeln dürfen, oder um „Soziale Gerechtigkeit“, ein beliebig ausfüllbarer Kampfbegriff, den seine Verfechter gar nicht definieren wollen, würde dies doch ihr Treiben ad absurdum führen. Und dann ist da natürlich das weite Feld der Diskriminierung. Der Zeitgeist hat den Wahnsinn geboren, dass sich heute jeder irgendwie und immer diskriminiert fühlen darf, wenn er will. Weit haben wir es getrieben und ein Ende ist nicht abzusehen. Da ist es nur folgerichtig, dass es längst eine offizielle Anlaufstelle gibt. Nicht irgendeine, sondern die Antidiskriminierungsstelle des Bundes (ADS).

Deren mehr als zwei Dutzend Mitarbeiter dürfen Jahr für Jahr drei Millionen Euro unserer Steuergelder verjubeln. Alles im Dienste des Zeitgeistes. So sehr hat die Gehirnwäsche der Meinungsdiktatur bereits ihre Wirkung entfaltet, dass kaum mehr jemand das Tun der ADS hinterfragt. Sie ist auch nicht – wie man als vernunftbegabter Bürger vermuten würde – dafür da, den Einzelnen vor Diskriminierung zu schützen. Dafür gibt es ja die Gerichtsbarkeit.

Nein, sie beschränkt sich auf Gruppen. Nicht, dass es nicht auch hierfür in unserem Rechtssystem entsprechende Institutionen gäbe, an die man sich wenden könnte, doch wäre dies für die politischen Umerzieher ja nur der halbe Spaß. Wie wollte man dem eigenen Auftrag nachkommen, wenn Fälle vermuteter Diskriminierung ganz profan gerichtlich abgehandelt würden? Wo bliebe da das Sendungsbewusstsein, mit dem man das mit großem Aufwand gezüchtete schlechte Gewissen der Deutschen wach halten könnte? Eine Behörde muss es also sein, und zwar eine, die ihr Dasein mit markigen Zahlen immer aufs Neue rechtfertigt und den eigenen Landsleuten einbläut, dass sie im Grunde ihres Herzens Rassisten sind.

Nun wird sich mancher fragen, warum ich es heute ausgerechnet auf die ADS abgesehen habe. Anlass ist ein Fall, der zeigt, dass es um die Freiheit der Meinung und des Denkens bereits viel schlimmer bestellt ist, als selbst jene befürchten, die dem Zeitgeist ohnehin wenig Gutes abgewinnen können. Der Journalist Jan Fleischhauer sah sich im Zuge einer professionellen Rechercheanfrage mit einer Abmahnung durch die Leiterin der ADS konfrontiert, weil ihr seine Fragen missfielen. Er habe mit der Hinterfragung der von Behördenleiterin Lüders in einer Pressekonferenz vorgestellten Zahlen, die üblichen Regeln journalistischer Sorgfalt verletzt. Sehen diese Regeln nach dem Verständnis der Politik vor, dass auch manipulative Zahlen widerspruchlos übernommen und abdruckt werden? Fleischhauer tat das einzig Richtige und machte den unglaublichen Vorgang öffentlich. Es ging übrigens um Antiziganismus, also gegen Sinti und Roma gerichteten Rassismus. Diesen wollte die ADS offenbar unbedingt herbeireden. Sie scheiterte glücklicherweise an Fleischhauers Wachsamkeit.

(Klodeckel des Tages vom 12. Oktober 2014)

„Heiliger Krieg" in der Lok:
Die GdL hat keiner mehr lieb

Längst gehört es zum Alltag, dass kleinste Gruppierungen Staat und Gesellschaft als Geiseln nehmen. Immer geht es dabei angeblich um soziale Gerechtigkeit, an der es nach Auffassung der Gleichmacher in Deutschland so furchtbar mangelt. Durch alle Lebensbereiche zieht sich das Erpressungspotential der selbsternannten Gerechtigkeitskämpfer. Und sie kennen nur ein Ziel: Die Sicherung ihres ganz persönlichen Vorteils, koste es die Gesellschaft, was es wolle. Doch statt die vermeintlich Benachteiligten in die Schranken zu weisen, solidarisiert man sich, ohne das Ansinnen zu hinterfragen. Man könnte ja selbst mal ein egoistisches Anliegen durchsetzen wollen. Und mehr Gerechtigkeit ist doch immer gut. Doch der Irrglaube, immer neue Wohltaten führten zu totaler Gerechtigkeit, hat dazu geführt, dass die Grundpfeiler der Demokratie, die diese ein halbes Jahrhundert getragen haben, in nur einem Jahrzehnt von egoistischen Kleingruppen zerschlagen worden sind. Schon das alte Rom ist daran zugrunde gegangen.

Aktuell sind es die Lokführer, die unsere Nachgiebigkeit für ihre Zwecke ausnutzen. Damit wir uns nicht missverstehen: Sie tun nichts Illegales, das Streikrecht ist auf ihrer Seite. Allerdings stammt dieses aus dem letzten Jahrhundert, als es gute Gründe gab, die Rechte von Arbeitern und Angestellten gegenüber Unternehmen zu stärken. Es fehlte vor allem an der tariflichen Mitsprache, gab nur unzureichende Mindeststandards für den Arbeitsplatz, keine Antidiskriminierungsgesetze und nicht einmal einen anständigen Kündigungsschutz. Heute sind die Ziele der Gewerkschaftsbewegung der 1970er Jahre längst erreicht. Brauchen wir also Gewerkschaften noch? Oder besser: Müssen wir sie als Gesellschaft noch hinnehmen? Es zumindest an der Zeit darüber nachzudenken, wie viel Macht wir diesen Organisationen noch zubilligen wollen. Die Arbeitswelt ist in jeglicher Hinsicht reguliert und bietet den Beschäftigten quasi einen Vollkaskoschutz. Selbst die Höhe der Mindestlöhne wurde inzwischen festgelegt. Aber zu viel kann man ja nie bekommen, also wird immer weiter munter drauflos gestreikt. Einfach nicht weiterarbeiten, bis der Arbeitgeber sich nicht länger erpressen lassen will und nachgibt.

Skurrile Blüten treibt das Ganze inzwischen bei den Lokführern, die von der Deutschen Bahn auch während ihres Ausstands weiterbezahlt werden, obwohl sie gleichzeitig Zahlungen aus der Streikkasse der Gewerkschaft bekommen. Diese werden am Ende zwar angerechnet, doch zunächst einmal macht der Streik die Arbeitsunwilligen zu Doppelverdienern, obwohl sie – gemessen an ihrer Aufgabe – schon mit einfachem Lohn ordentlich bezahlt werden. Ein Anfangsgehalt von über 2.500 Euro, über das sich die ohne besondere Berufsvoraussetzungen angelernten Schulabgänger freuen dürfen, hätten Pflegekräfte und Erzieherinnen gerne. Aber lieber messen sich die Lokführer mit den Piloten, mit denen sie zumindest die Streikfreudigkeit verbindet. Wie sehr sich die Gewerkschaft der Lokomotivführer (GdL) inzwischen ins Abseits manövriert hat, erkennt wohl nur ihr Vorsitzender Claus Weselsky nicht. Die Deutsche Bahn sieht einen „Amoklauf", der frühere GdL-Vorsitzende Manfred Schell verurteilt Weselskys „Heiligen Krieg" und selbst die tiefrote Arbeitsministerin Nahles droht mit Entmachtung. Den „Klodeckel des Tages" darf Claus Weselsky daher als Andenken an seine auf das Abstellgleis zurollende Lokführer-Gewerkschaft betrachten.

(Klodeckel des Tages vom 19. Oktober 2014)

Nuhr keine Panik: Vertrauen wir auf den wehrhaften Rechtsstaat

Der Islam macht es sich besonders schwer in diesen Tagen. Er könnte einfach friedlich vor sich hin existieren und seinen Platz neben den anderen Weltreligionen einnehmen. Aber das erlaubt offenbar sein religiöser Alleinherrschaftsanspruch nicht. Und so prägt kaum etwas die großen Konflikte unserer Zeit mehr als die fortwährende Auseinandersetzung der islamischen Welt mit den Gesellschaften des Westens. Der IS-Terror hat den Islam auf breiter Front in Verruf gebracht. So bauen sich die Mauern in den Köpfen auf beiden Seiten immer höher auf: Überempfindlichkeit auf der einen Seite, abnehmende Bereitschaft zur Nachsicht auf der anderen Seite. Immer größer wird das gegenseitige Misstrauen. Dass sich der Islam in Lobbyverbänden organisiert und die Politik nicht müde wird, ihn zum festen Bestandteil der deutschen Identität zu erklären, trägt eher zur Eskalation bei als zur Befriedung. Es drängt sich der Eindruck auf, die deutsche Politik nehme den Islam zu wichtig und verschaffe ihm damit eine Plattform, die einer Religion in der aufgeklärten säkularen Welt des Westens nicht zusteht. So wie man Bürgermeister eben auch nicht mit militärischen Ehren auf Schloss Bellevue empfängt.

Derart wichtig genommen, treten manche Muslime ihren „ungläubigen" Mitbürgern arg selbstbewusst gegenüber. Sie bedienen sich dabei auch der öffentlichen Provokation und Einschüchterung, wie unlängst die „Scharia-Polizei". Vor allem aber erfährt eine auf diese Weise völlig überhöhte Religion immer mehr Zulauf radikaler Verirrter, die sie als letzte Chance sehen, dem eigenen Dasein eine Bedeutung zu geben. Mit dem fortlaufenden Kümmern, dem vorauseilenden Gehorsam und der peinlichen Anbiederung bedient die Politik aber auch die Dünnhäutigkeit mancher Muslime, zu deren Reflex es gehört, jede gesellschaftliche Regung darauf abzuklopfen, ob nicht etwa der Islam diskriminiert oder beleidigt worden ist. Mit Grausen erinnert man sich an die wütenden Tumulte nach den Mohammed-Karikaturen in einer dänischen Zeitung. Es fällt schwer, sich vorzustellen, die Leibgarde des Papstes hätte mit der Erstürmung Kopenhagens gedroht, nur weil ein dänisches Blatt Jesus als Playboy am Strand von Rimini gezeigt hätte. Und nun erregt der „Fall Nuhr" die Gemüter.

Der Kabarettist genießt Respekt nicht nur beim breiten Publikum, sondern auch bei den Kulturschaffenden. Erst vor einer Woche erhielt er den Jacob-Grimm-Preis, die Hauptehrung des „Kulturpreises Deutsche Sprache". So einer soll also ein übler Hetzer sein. Das jedenfalls meint Erhat Toka, der Nuhr wegen angeblicher „Islamhetze" angezeigt hat. Dabei kann Toka selbst auf eine bemerkenswerte Vergangenheit zurückblicken. Von 2003 bis 2008 war er für die Öffentlichkeitsarbeit in der Milli Görüs Moschee zuständig, Teil einer Organisation, der vom Verfassungsschutz das Bestreben attestiert wird, „die westliche Ordnung zu überwinden und durch ein islamisches Gemeinwesen zu ersetzen". Und 2012 geriet Toka mit seiner Islam-Partei zeitweise selbst ins Visier des Verfassungsschutzes, nachdem er auf der Partei-Homepage einen Text veröffentlicht hatte, in dem die Demokratie als islamfeindliche „Vielgötterei" bezeichnet wurde. Nun ist der Staatsanwalt am Zug. Nuhr bleibt standhaft und er hat recht. Ob er am Ende auch das Recht auf seiner Seite hat, wird darüber entscheiden, welchen Stellenwert die Meinungsfreiheit in unserem Land noch besitzt.

(Klodeckel des Tages vom 26. Oktober 2014)

Die Ampelquote: Geschlechter-kampf am Fußgängerüberweg

Nahezu täglich quälen uns die schlagzeilengierigen Vertreter der Gleichmacherei. Regelmäßig treibt sie die Profilierungssucht, doch viel häufiger ist es die pure ideologische Verblendung. Wenn beides zusammentrifft, ist man wahrscheinlich im rot-grünen Milieu gelandet. Dieses findet man unter anderem in Nordrhein-Westfalen zuhauf. Und so wandert der „Klodeckel" diesmal nach Dortmund, genauer gesagt, an die Bezirksvertretung Innenstadt-West. Dort beschlossen die Mehrheitsfraktionen von SPD und Grünen am Mittwoch, dass künftig an den Fußgängerampeln die Ampelmännchen solange gegen Ampelweibchen auszutauschen sind, bis Gleichstand im Bezirk herrscht. Die Verwaltung wurde angewiesen, einen Zeitplan zu entwerfen und die Kosten zu errechnen. Grotesk ist nicht nur das sinnfreie Vorhaben selbst, sondern auch der Versuch, es damit zu rechtfertigen, dass man die größere Leuchtfläche als Beitrag zur Verkehrssicherheit preist. Die Ampelfrauen werden nämlich als rocktragende Zöpfchenmädels dargestellt. Für solche Klischees stellen die Gleichberechtigungs-Fetischisten andere gerne mal an den Pranger.

Dass es die Ampelfrauen in Köln und Bremen bereits gibt, taugt wohl kaum als Rechtfertigung für den Vorstoß. Das „Pippi-Langstrumpf-Lookalike" ist jedenfalls alles andere als politisch korrekt. Doch das stört die Dortmunder Rot-Grünen nicht: Über den Antrag gab es nicht einmal eine Debatte im kommunalen Gremium, geschweige denn eine Abstimmung. Warum auch, man hat ja eine satte Mehrheit. Da hält man sich doch nicht mit Höflichkeitsadressen auf, und mit dem ganzen demokratischen Schnickschnack erst recht nicht. Der Grüne (und die Grünin) von heute ordnet an, was die anderen zu tun und zu denken haben – aus reiner Nächstenliebe, um den unwissenden Andersdenkenden aus ihrer Not zu helfen. Künftig wird sich Dortmund-West völliger Gleichberechtigung erfreuen. Zumindest an der Fußgängerampel. Da kann der Hinweis auf den Unsinn des verwaltungstechnischen Aufwands und die Kosten der Umstellung nur als kleinkarierte Erbsenzählerei gelten. Hier geht es um mehr. Das große Ziel verlangt Opfer. Und wenn man erst einmal so tief in den Miesen steckt wie die Stadt Dortmund, ist offenbar alles erlaubt. Nirgendwo in Nordrhein-Westfalen sind die Schulden in den vergangenen zehn Jahren schneller gestiegen.

2,5 Mrd. Euro waren es Ende 2013! Da gibt man gern mal einen aus, denn ganz sicher wollen die Dortmunder nichts dringender als die Ampelfrau. Und schon gehen die Überlegungen weiter: Schlaumeier haben ermittelt, dass bei den Straßennamen mehr Männer als Frauen Pate standen. Dies darf selbstverständlich nicht so bleiben! Ganz Eifrige beschäftigt die Frage, warum die Zahl der Frauenparkplätze in Dortmunds Parkhäusern viel kleiner ist als die der restlichen Stellplätze, die ja allen Männern offen stehen. Und überhaupt sei es inakzeptabel, dass in Herrentoiletten regelmäßig mehrere Pissoirs bereitgehalten werden, während Damentoiletten von deutlich weniger Frauen gleichzeitig genutzt werden können. Jede Menge Arbeit also für die Bezirksvertretung Innenstadt-West. Und auch „König Fußball" bleibt nicht verschont: Gerüchten zufolge soll der kurz vor dem Abgang stehende Dortmunder Trainer Klopp durch eine Frau ersetzt werden. Männer habe man lange genug gehabt, nun müsse sich auch mal eine Frau am BVB versuchen dürfen. Zumindest die Profis dürfte es freuen...

(Klodeckel des Tages vom 2. November 2014)

Brüssels Planwirtschaft: Oettinger schützt Konzerne vor Kunden

Die Woche hatte es in sich. Reihenweise standen die Bewerber für den „Klodeckel des Tages" Schlange: Deutschlands Chef-Streiker legten nochmal eine Schippe drauf und die Republik fast drei Tage lahm, bis die Kanzlerin einschritt, weil sie sich ihre Mauerfall-Party nicht verderben lassen wollte; der „Kalif vom Bosporus" meldete sich zu Wort, weil er sich durch eine Karikatur in einem deutschen Schulbuch beleidigt fühlte. Daraufhin forderte die baden-württembergische Integrationsministerin ernsthaft einen Türkei-Beauftragten der Bundesregierung zum besseren gegenseitigen Verständnis. Vermutlich hält sie sich selbst für die perfekte Besetzung, lockt doch eine großzügigere Bezahlung und mehr Medienpräsenz; Pippi Langstrumpf fiel der Political Correctness zum Opfer und darf bestimmte Sachen nicht mehr tun. Aus der weihnachtlichen TV-Fassung wurden Pippis Schlitzaugen-Grimassen einfach herausgeschnitten – und auch der legendäre „Negerkönig" fiel der Schere zum Opfer. Dann kam Günther Oettinger. Der frisch gekürte EU-Digitalkommissar hat den Oberregulierer in sich entdeckt.

Ziel der Attacke: Die deutschen Internetnutzer. Weil diese sich so gar nicht nach dem Willen der Planwirtschafts-EU verhalten, will Oettinger sie nun an die Kette legen. Denn kaum heizt ein Internetanbieter den Wettbewerb mit einem günstigen Tarif an, ist es aus mit der Treue. Machten es Lethargie und falsch verstandene Loyalität den Konzernen früher leicht, überhöhte Preise am Markt durchzusetzen, haben die Deutschen inzwischen etwas dazugelernt. Ob im Strommarkt, bei der Kfz-Versicherung oder bei Telekommunikationsdienstleistungen: Deutsche Verbraucher nutzen ihre Marktmacht und zwingen die Unternehen damit zu Kreativität, Service und Effizienz. Doch in Zeiten einer von sozialistischen Projekten geprägten Großen Koalition ist Wettbewerb auch in Deutschland inzwischen verpönt. Oettinger sorgt sich um die Planungssicherheit der Telekom-Konzerne, wenn Kunden nach der Mindestvertragslaufzeit einfach den Anbieter wechseln können. Ganz im Sinne des Zeitgeistes soll bei der Vertragsgestaltung nun Schluss sein mit Freiheit und Eigenverantwortung. Dabei laufen Neuverträge in der Regel immerhin zwei Jahre.

Für den deutschen EU-Kommissar ist die Möglichkeit zum regelmäßigen Wechsel der Grund für die mangelnde Bereitschaft der Unternehmen, stärker in den Netzausbau zu investieren. Da haben die Lobbyisten ganze Arbeit geleistet. Marktwirtschaft als Investitionsbremse, darauf muss man erst einmal kommen! Internetkunden soll daher der Anbieterwechsel „für eine gewisse Zeit" verboten werden. Mit seinem Vorstoß scheint Oettinger Kritiker zu bestätigen, die ihn im Amt des Digitalkommissars für eine Fehlbesetzung halten. Er versteht offenbar einfach zu wenig von der digitalen Welt. Erst vor wenigen Wochen hatte der frühere Ministerpräsident Baden-Württembergs bei seiner Anhörung im Europaparlament für Kopfschütteln gesorgt, als er Prominente als „dumm" verunglimpfte, von denen kompromittierende Bilder im Netz aufgetaucht waren. Er bezichtigte sie eines leichtfertigen Umgangs mit ihren intimen Fotos und Videos, obwohl es sich in der Mehrzahl der Fälle um Datendiebstahl gehandelt hatte. Dabei hätte man beim mit der englischen Sprache auf Kriegsfuß stehenden Oettinger eigentlich annehmen können, dass er problemlos von „Cloud" auf „geklaut" gekommen wäre...

(Klodeckel des Tages vom 9. November 2014)

Linker Haken: Die SPD disqualifiziert sich mit einem Tiefschlag

Dass Linke nicht viel von wirtschaftlichen Zusammenhängen verstehen, wurde in dieser Woche einmal mehr deutlich. Dass sie Kritik selten akzeptieren, sondern mit einem Beißreflex beantworten, ebenso. Die „Wirtschaftsweisen" hatten ihr Jahresgutachten vorgelegt und stießen damit auf wenig Begeisterung bei den Betroffenen. Kein Wunder, ließen Sie doch kaum ein gutes Haar an der Wirtschaftspolitik der Großen Koalition. Und während Kanzlerin Merkel sich dumm stellte und darauf verwies, dass der für 2015 beschlossene Mindestlohn heute noch gar keine Auswirkungen haben könnte, ging SPD-Generalsekretärin Yasmin Fahimi direkt zum Frontalangriff über. Für ihre selbstgerechte und anmaßende Feststellung, das Jahresgutachten sei „in seiner ganzen Methodik nicht mehr auf der Höhe der Zeit", erhält sie den „Klodeckel des Tages". Mit ihrer beleidigten Replik hat Fahimi ihre ganze Ahnungslosigkeit in Bezug auf volkswirtschaftliche Fragen offenbart. Der Verdacht drängt sich auf, dass insbesondere die harsche Kritik der Regierungsberater am Prestigeobjekt der SPD-Linken den Anlass für Fahimis scharfe Retourkutsche bot.

Seit mehr als fünf Jahrzehnten beraten die „Wirtschaftsweisen" nun bereits die Regierungen dieses Landes. Und immer enthält ihr Jahresgutachten auch Fingerzeige, wie eine Fehlentwicklung korrigiert und das gesellschaftliche Wohl Deutschlands bewahrt werden kann. Dabei darf man in volkswirtschaftlichen Fragen durchaus unterschiedlicher Meinung sein. Selbst die Top-Ökonomen sind sich nicht immer einig in ihrer Bewertung. Ein Gutachten aber nur deshalb zu verteufeln, weil dessen Ergebnisse sich nicht mit dem eigenen Weltbild decken, zeugt von wenig Professionalität. Statt die Existenzberechtigung der fünf „Weisen" infrage zu stellen, sollte Fahimi sich selbst einmal hinterfragen. Könnte es vielleicht sein, dass nicht die Ökonomen das Problem sind, sondern eher die Große Koalition? Es wird immer deutlicher, dass die maßgeblich von der SPD geleitete Bundesregierung mit ihrem wirtschaftspolitischen Kurs dem Land schadet. Einen weiteren Linksruck, wie Fahimi ihn sich wünscht, verkraftet selbst eine robuste Volkswirtschaft wie Deutschland nicht auf Dauer.

Doch Fahimi ist nicht die einzige SPD-Genossin, die sich von der Kritik der Ökonomen zu einem persönlichen Angriff verleiten ließ. Selbst der ansonsten vorsichtig formulierende Jurist Thomas Oppermann kanzelte die „Weisen" ab: „Niemand hört mehr auf die neoliberalen Vorschläge", so Oppermann ungewohnt unsachlich. Was „neoliberal" ist und wieso dies so schädlich für eine Volkswirtschaft sein soll, hat auch er niemals erläutert. Aber so ist das eben mit Kampfbegriffen: Sie dienen der Diffamierung und sollen jede weitere Diskussion im Kein ersticken. Dass die Große Koalition vor allem Gesetze auf den Weg gebracht hat, die sozial ungerecht und wirtschaftsschädlich sind, können aber auch die Tiefschläge der SPD nicht verdecken. Das teure Rentenpaket auf Pump, an das sich noch viele Generationen schmerzhaft erinnern werden, gehört dazu genauso, wie der Mindestlohn. Es wäre tollkühn zu hoffen, dass die Bundesregierung im Verlauf der Legislaturperiode zur Besinnung kommt. So bleibt das Motto des diesjährigen Jahresgutachtens wohl nur ein frommer Wunsch: „Mehr Vertrauen in Marktprozesse" darf man wohl weder von einer Großen Koalition erwarten, noch von einem Parlament, in dem es keine Liberalen mehr gibt.

(Klodeckel des Tages vom 16. November 2014)

Poppen fürs Wahlrecht: Schwesigs Geburtenförderprogramm

Sie hat längst ein Abonnement auf den „Klodeckel". Manuela Schwesig glänzt immer wieder mit Vorstößen, bei denen man nie so richtig weiß, wie ernst man sie nehmen soll. Sie sind zwar schlagzeilenträchtig, taugen aber nicht recht als Arbeitsnachweise für die blasse Familienministerin. Auch im jüngsten Fall handelt es sich um eine unausgegorene Idee: Die SPD-Politikerin fordert ein Wahlrecht für Kinder. Dieses soll von deren Eltern wahrgenommen werden, die pro Kind ein zusätzliches Kreuzchen auf dem Wahlzettel machen dürften. Anlässlich des 25. Jubiläums der UN-Kinderrechtskonvention begründete Schwesig ihre Absicht damit, dass Kinder mehr Einfluss auf die Politik bräuchten. Dass es dazu nützlich wäre, deren Eltern mit zusätzlichen Stimmrechten auszustatten, ist jedoch nicht nur eine abwegige Vorstellung, sondern entlarvt den Vorschlag als reine PR-Aktion. Eine sinnvolle Familien- und Bildungspolitik, die Kinder stärkt und ihre Chancen auf ein selbstbestimmtes Leben verbessert, wünscht sich jeder. Doch Schwesigs Große Koalition tut mit dem Rentenpaket auf Kosten künftiger Generationen gerade das Gegenteil.

Und nicht nur hier offenbart sich die ganze Einfallslosigkeit der Politik, die einerseits Milliarden mit der Gießkanne verteilt und andererseits Finanzlücken dadurch zu stopfen versucht, dass sie künftige Gewinne aus dem „Schneeballsystem Rente" abschöpft. Dass ihre Idee schon an der praktischen Umsetzung scheitert, stört Schwesig offenbar nicht. Welcher Elternteil soll das „Erstzugriffsrecht" bekommen? Wer entscheidet über familieninterne Differenzen, wenn Vati lieber die FDP wählt und Mutti ihr ökologisches Gewissen mit einem zusätzlichen Kreuz beim grünen Lager beruhigen will? Was ist, wenn in der modernen Patchwork-Welt die Mutter ihre Stimme in Berlin abgibt, der Vater aber längst mit der neuen Lebensgefährtin in München lebt und dort zeitgleich auf sein Mehrfachstimmrecht pocht? Wie sollen die armen Wahlhelfer dies überhaupt kontrollieren? Und natürlich steht auch unser Grundgesetz der ehemaligen SPD-Nachwuchshoffnung im Weg. Dort ist festgelegt, dass bei Bundestagswahlen erst ab 18 gewählt werden darf. Und – was viel schwerer wiegt – die Wahl muss geheim und frei erfolgen. Was aber ist an einer Wahl geheim oder frei, die man nicht selbst treffen kann?

Wie soll der Wille des Kindes dabei festgestellt werden? Alle Eltern glauben zu wissen, was ihr Kind sich wünscht. Man darf aber sicher daran zweifeln, dass dies auch für den Wahlgang zutrifft. Doch der SPD können die Wähler nicht jung genug sein. Es ist arg durchschaubar, dass im Verlauf der Zeit in vielen SPD-geführten Bundesländern das Wahlalter für Landtags- und Kommunalwahlen unter die Volljährigkeitsgrenze abgesenkt wurde. Das Kalkül ist klar: Heranwachsende wählen eher links. Ähnlich verhält es sich wohl mit dem von der SPD immer wieder geforderten Wahlrecht für (Nicht-EU-)Ausländer. Nun sollen also mehr Eltern zu den Sozis gelockt werden, indem man ihnen das Mehrfachwahlrecht verspricht. Schwesigs Vorstoß passt ganz zur Berliner Politik. Es mag nicht populär sein, dies festzustellen, aber er verdeutlicht vor allem eines: Der Bundestag ist voller Klientel-Parteien. Anders als uns die Medien immer weismachen, sind diese jedoch nicht gelb, sondern vor allem grün, rot und schwarz. Und sie spielen die gesellschaftlichen Gruppen nur allzu gerne gegeneinander aus...

(Klodeckel des Tages vom 23. November 2014)

Die Wende-Wende: Thüringen bekommt ein Stück DDR zurück

Am kommenden Freitag will er Deutschlands erster sozialistischer Ministerpräsident werden – bereits heute erhält Bodo Ramelow den „Klodeckel des Tages". War schon die Bildung der rot-rot-grünen Koalition nach der Landtagswahl ein Schlag ins Gesicht der vielen Menschen, die unter dem Linksterror des ostdeutschen Unrechtsstaats gelitten haben, liefern die aktuellen Äußerungen des designierten Thüringer Landesvaters einen weiteren Beleg dafür, dass er offenbar von der Wiederauferstehung der DDR träumt. Was Kanzlerin Merkel seit Jahren auf leisen Sohlen (für viele kaum merklich) Stück für Stück bereits betreibt, strebt der derzeitige Fraktionsvorsitzende der Thüringer Linkspartei weniger subtil an. Zu seinem Traum von der „DDR 2.0" gehört unter anderem die Rehabilitierung der vom Bundesverfassungsgericht verbotenen KPD. Dieses hatte der Partei 1956 bescheinigt, die Demokratie mit aggressiven Methoden beseitigen zu wollen. Kurz vor seiner geplanten Kür ließ Ramelow nun mit der Forderung nach einer Aufhebung des seit fast 60 Jahren bestehenden Verbots aufhorchen.

Zwar hat sich die KPD nach der „Wende" als „KPD-Ost" neu gegründet, doch steht die Aufhebung des Parteiverbots für deren Vorgängerin nicht zur Debatte. Naturgemäß bezogen die beiden machtversessenen Koalitionspartner auch auf Nachfrage nicht Stellung. Das muss niemanden wundern. Wer möchte schon eine Woche vor dem geplanten Coup Schuld daran sein, dass der Weg an die Fleischtöpfe der Politik im letzten Moment noch verbaut wäre. „Augen zu und durch" lautet das Motto bis zum Wahlgang im Thüringer Landtag. Und selbst aus der Bundespolitik traute sich niemand, den Parteikollegen in die Parade zu fahren. Nicht einmal die aus Thüringen stammende Katrin Göring-Eckardt, immerhin Fraktionschefin der Grünen im Bundestag, wollte dem Hurra-Ruf Ramelows auf die DDR etwas entgegensetzen. Dabei war sie eine der treibenden Kräfte der damaligen Bürgerrechtsbewegung. Aber auch bei der SPD zog man die Köpfe ein. Die Sozis können ihr Glück immer noch nicht fassen, trotz einer krachenden Wahlniederlage in Thüringen weiterhin mitregieren zu dürfen.

Bezeichnend ist, wie wenig medialen Aufruhr der erste deutsche Ministerpräsident der Linkspartei auslöst. Hier und da eine Regung der konservativen Leitmedien, mitunter ein bittersüßer Kommentar im öffentlich-rechtlichen Fernsehen, aber weit und breit kein Aufschrei der journalistischen Berufsbetroffenen. Viele von ihnen dürften das „Projekt Ramelow" gar mit Wohlwollen betrachten. Ihre Sympathie für den Sozialismus können einige ohnehin nur schwerlich verbergen – oder wollen es gar nicht erst. Die Nachfolgepartei der SED ist vor allem durch die deutschen Medien hoffähig geworden. Wird ein politisches Erstarken rechtsnationaler Kräfte mit größter öffentlicher Wachsamkeit verhindert, gilt dies nur 25 Jahre nach dem Mauerfall für extreme Linke schon lange nicht mehr. So können die Erben des SED-Regimes sich mehr oder weniger offen zu einer menschenverachtenden Diktatur bekennen. Dabei sind die aus dem Westen in die „Linke" eingewanderten Altvorderen vom Schlage Ramelows politisch gefährlicher als die unverbesserlichen DDR-Romantiker im Osten. Und nicht mal die wollten Ramelow: Nur 15% aller Thüringer Wahlberechtigten entschieden sich im September für die Linkspartei. Demokratie kann wirklich ungerecht sein.

(Klodeckel des Tages vom 30. November 2014)

Angela Merkels Basta-Ruf: Wenn die Solidarität zuschlägt

Heute geht der „Klodeckel des Tages" an Bundeskanzlerin Angela Merkel. Diese spielte am Samstag Nikolaus. Doch statt Früchten, Nüssen und kleinen Geschenken gab es die Rute. Das Wahlvolk möge sich bitte gar nicht erst der Illusion hingeben, der Solidaritätszuschlag könne irgendwann einmal abgeschafft werden, ließ Frau Merkel wissen. Dies nämlich stand als vage Hoffnung im Raum, weil der seinerzeit befristet eingeführte Soli 2019 ausläuft. Doch wie immer mutiert auch diese „vorübergehende" Abgabe zur Dauersteuer. Das Geld werde gebraucht – basta! So leicht möchte man es sich als Privatmann mal machen. Statt an anderer Stelle zu verzichten und die eigenen Ausgaben auf den Prüfstand zu stellen, einfach neues Geld besorgen. Alles verplempern, bis nichts mehr da ist und dann ganz schamlos in die Kasse seines Arbeitgebers greifen. Politiker dürfen so etwas ungestraft. Niemand zieht sie für ihre Verschwendungssucht zur Rechenschaft und niemand stellt sich ihnen entgegen, wenn sie anschließend Steuern, Abgaben und Gebühren erhöhen. Keine Montagsdemonstrationen weit und breit. Was ist nur los in diesem Land?

Dabei schiebt der Bund zur eigenen Haushaltssanierung immer mehr Lasten auf die Länder ab, die ihrerseits den Städten und Gemeinden immer mehr aufbürden. So beißen den Letzten die Hunde, und das schwächste Glied in der Kette zahlt die Zeche: Wir Bürger. Gerade kann jeder von uns in der örtlichen Presse lesen, wie ein Bürgermeister nach dem anderen eine satte Grundsteuererhöhung ankündigt. Jeder ärgert sich über steigende Wasser- und Müllgebühren in seiner Gemeinde. Und auf Landesebene hat sich unter anderem in Hessen die schwarz-grüne Allianz einen weiteren kräftigen Schluck gegönnt, indem sie die Grunderwerbssteuer im August um einen weiteren Prozentpunkt auf 6% anhob. Doch es scheint, als betrachteten die Bürger dies als Notwendigkeit, zumindest aber als unausweichliches Schicksal. Und statt Mahnwachen vor den Rathäusern zu halten, nutzen viele die scheinbare Gunst der Stunde, ihrer hochverschuldeten Gemeinde mehr Geld zur Bezuschussung des eigenen Lebensentwurfs aus dem Kreuz zu leiern. Der liebe Herr Bürgermeister will ja wiedergewählt werden und kann es sich kaum mit Eltern, der Feuerwehr oder den Sportvereinen verderben.

Es wäre so leicht, das staatliche Finanzgebaren unter Kontrolle zu kriegen: Geld gibt's nur noch, wenn auch welches da ist. Keine neuen Kredite für schuldenfinanzierte Wohltaten und Lieblingsprojekte von Ministerpräsidenten oder Bürgermeistern. Neue Schulden nur für Investitionen, die einen messbaren Wert für die Allgemeinheit haben – also in Infrastruktur und ein höheres Bildungsniveau. Und was die ausufernden Ausgaben des Bundes angeht, kann es nur einen Weg geben: Die mächtigen Lobbyverbände an die Kette zu legen, die unser Sozialsystem zum Bersten bringen. Der Grundsatz muss lauten: Hilfe zur Selbsthilfe, aber keine vorauseilende Überversorgung einzelner Gruppen. Solidarität ist heute das am meisten missbrauchte Wort. So wurde die Zusatzabgabe einst „Solidaritätszuschlag" getauft, quasi als Totschlagargument gegenüber jenen, die sie einmal hinterfragen könnten. Wer möchte schon als unsolidarisch gelten? Frau Merkel hat uns nun ewige Solidarität verordnet. Eine Entschuldigung dafür wäre angebrachter gewesen, dass der aus den Fugen geratene Staat selbst mit Rekordeinnahmen nicht zu Rande kommt.

(Klodeckel des Tages vom 7. Dezember 2014)

Steinmeier wundert sich:
Kein Erfolg mit der Nazi-Keule

Heute geht der „Klodeckel" an Heinrich Steinmeier. Dieser wurde am vergangenen Dienstag in einem Berufungsprozess vom Landgericht Dortmund wegen Beleidigung zu einer Geldstrafe von 1.200 Euro verurteilt. Der Vorsitzende des Dortmunder SPD-Ortsvereins Bövinghausen hatte einem Mitarbeiter der Stadt Dortmund SS-Methoden vorgeworfen, weil dieser sich geweigert hatte, die Übernahme einer Reihe von Kosten für Steinmeiers bettlägerige Mutter zu bewilligen. Dabei ging es vor allem um ein Pay-TV-Abonnement, damit Steinmeiers Mutter sämtliche Spiele von Borussia Dortmund in voller Länge verfolgen könne. Als Reaktion auf die abgelehnte Forderung schrieb Steinmeier einen Wutbrief an die Stadt, den er auch dem Dortmunder Oberbürgermeister zustellen ließ. Darin forderte er Konsequenzen für den seiner Meinung nach frauenfeindlichen Sachbearbeiter. „Dieser Mann gehört in das System einer SS-Verwaltung", ließ Steinmeier Wut und Ideologie freien Lauf. Besonders pikant ist dabei die Tatsache, dass der SPD-Politiker das Schreiben auf dem offiziellen Briefpapier seiner Partei verfasste. Eine Entschuldigung lehnte der 66-Jährige auch im Prozessverlauf ab.

Dass er sich vor Gericht wiederfinden würde, hätte der 13 Jahre lang als Schöffe tätige Kommunalpolitiker wissen müssen. Offenbar hatte er gehofft, mit dem Schwingen der Nazikeule ans Ziel zu gelangen. Denn was im politischen Alltag so wunderbar funktioniert, muss doch auch im Gerichtssaal seine Wirkung entfalten. Der „Fall Steinmeier" ist daher mehr als nur eine Provinzposse, zeigt er doch zwei Fehlentwicklungen unserer Gesellschaft auf: Einerseits das absurde Anspruchsdenken des Einzelnen, der den Staat als Erfüllungsgehilfen für seine Wünsche betrachtet, andererseits die verbreitete linke Ideologie, jeden Andersdenkende als Nazi zu brandmarken. Einen Heinrich Steinmeier hätte es vor 15 Jahren in Deutschland wohl kaum gegeben. Doch wo die Eigenverantwortung systematisch eliminiert wird, wo der Regulierungswahn jede persönliche Freiheit, auch die des Scheiterns und des Neuanfangs, erstickt, wo naive, unmündige Bürger sich zu Komplizen der sozialistischen Umverteilungsmaschinerie degradieren lassen, da schießen die Steinmeiers nur so aus dem Boden.

Die SPD-Landtagsabgeordnete und stellvertretende Vorsitzende des zuständigen Dortmunder Unterbezirks, Nadja Lüders, distanzierte sich umgehend von Steinmeier. Doch ob am Ende ein durchaus möglicher Parteiausschluss steht, darf bezweifelt werden. Zu sehr braucht die SPD Mitglieder und Funktionäre. Klare Worte fand Heiko Brankamp, kommunalpolitischer Mitstreiter Steinmeiers. Er bezeichnete seinen Parteikollegen als „Blödmann" und verwies darauf, dass diesem schon häufiger „der Verstand entglitten" sei. Seit über 40 Jahren trägt Heinrich Steinmeier nun das Parteibuch seiner Genossen, ein Sozi durch und durch. Interessant, dass er offenbar niemals auf die Idee kam, der 92-Jährigen Mutter das Abonnement zum Fußballschauen zu bezahlen. Es wäre so schön, wenn die Hüter von Moral und sozialem Gewissen einfach mal bei sich selbst anfangen würden, statt die Gesellschaft als Ansprechpartner zur Befriedigung persönlicher Bedürfnisse zu missbrauchen. Überhaupt sollte es einem fürsorglichen Sohn eine Herzensangelegenheit sein, seiner kranken Mutter den kleinen Wunsch aus der eigenen Tasche zu erfüllen. Schämen Sie sich, Herr Steinmeier!

(Klodeckel des Tages vom 14. Dezember 2014)

Elektro-Soli statt Innovation: Und wieder soll der Steuerzahler ran

Es gibt in Deutschland wohl keine mächtigere Wirtschaftslobby als die der Autohersteller. Zwar handelt es sich dabei dem Umsatz nach um den bedeutendsten Wirtschaftszweig, doch man könnte meinen, die Branche beschäftige das Zehnfache der rund 750.000 Mitarbeiter, so sehr hängt die Politik an den Lippen der automobilen Rufer. Daher ist auch die neueste Forderung von Chef-Lobbyist Ferdinand Dudenhöffer eine ernstzunehmende Drohung, so durchsichtig sie auch sein mag. Zwar tarnt sich der 63-jährige Professor als Direktor des von ihm gegründeten „Center Automotive Research“, doch ist er natürlich vor allem ein einflussreicher Politik-Souffleur, wenn die Automobilindustrie wieder einmal steuerzahlerfinanzierte Impulse erzwingen will. Dudenhöffer will den deutschen Herstellern endlich einen höheren Absatz ihrer viel zu teuren Elektroautos verschaffen. Eine Sonderabgabe auf den Spritpreis, einen „Elektro-Soli“, sollen Deutschlands Autofahrer berappen, damit jährliche Zusatzeinnahmen von 650 Mio. Euro mehr Subventionen in die Elektromobilität lenken.

Zwar hat im automobilen Selbstgespräch unter anderem Daimler-Chef Zetsche bereits abgewunken, doch ist dies wohl nicht mehr als ein Ablenkungsmanöver. Natürlich weiß auch Dudenhöffer, dass sein Vorschlag angesichts der Verlängerung des Solidaritätszuschlags bis zum Sankt Nimmerleinstag zur Unzeit kommt. Daher beeilt sich der „Automobilexperte“, wie ihn die Medien so gerne nennen, eine Befristung des Elektro-Solis auf drei Jahre zu fordern. Ein Cent pro Liter soll helfen, das dürre Netz der Ladestationen auszubauen und jedem Käufer eines Elektrofahrzeugs 4.000 Euro zu schenken, um den Triumph der Abwrackprämie zu wiederholen. Die in der Wirtschaftskrise 2008 geborene Idee, fünf Milliarden Euro Steuergeld unter allen Neuwagenkäufern zu verteilen, war das Meisterstück der Automobillobby. Begründet wurde sie damals mit dem Umweltschutz – und der hohe Subventionsbetrag gerechtfertigt mit dem starken Impuls für die deutsche Volkswirtschaft. Die noch jahrelang nachhallenden Lobeshymnen erwecken bis heute den Eindruck, ohne die Abwrackprämie wäre Deutschland zum Dritte-Welt-Land abgerutscht.

Dass der Elektro-Soli den Herstellern einen ähnlichen Erfolg bescheren könnte, darf allerdings getrost bezweifelt werden. Abgesehen davon, dass die Ökobilanz derartiger Vehikel angesichts der atomausfallbedingten Renaissance von Kohlekraftwerken zur Stromerzeugung mittlerweile schlechter ist als die herkömmlicher Fahrzeuge, erschließt sich für die allermeisten Menschen der Sinn überteuerter Elektromobile nicht. Sicher gibt es Nischen, in denen diese zum Einsatz kommen könnten, etwa Golf Carts, Kehrmaschinen und Elektroroller. Doch nicht ohne Grund sind nur etwa 20.000 Elektroautos auf Deutschlands Straßen unterwegs. Dudenhöffers Vorstoß dürfte eher der Tatsache geschuldet sein, dass der stark gefallene Ölpreis und die hervorragenden Perspektiven für die Ölförderung das jahrzehntelang mit viel Mühe gezeichnete Szenario versiegender Ölquellen ad absurdum geführt haben. Da die Ideologen also enttarnt und mit den Untergangsarien keine Blumentöpfe mehr zu gewinnen sind, sollen die Autofahrer mit Geld geködert werden. Es läge nahe, alle Anstrengungen darauf zu richten, Elektromobile einfach billiger herzustellen. Aber warum selbst anstrengen, wenn es doch den Steuerzahler gibt?

(Klodeckel des Tages vom 21. Dezember 2014)

Weils Weihnachtswunsch:
Mehr Rechte für Muslime

Zum Jahresausklang wandert der „Klodeckel" an den niedersächsischen Ministerpräsidenten Stephan Weil. Dieser kündigte in einem Zeitungsinterview an, Niedersachsen werde es Anfang 2015 Bremen und Hamburg gleichtun. Die beiden SPD-geführten Bundesländer hatten vor etwa zwei Jahren Staatsverträge mit muslimischen Interessenverbänden abgeschlossen, in denen unter anderem die Arbeitsfreistellung an islamischen Feiertagen und eine intensive Beteiligung der Verbände am Religionsunterricht in den Schulen geregelt sind. Schon jetzt dürfen Muslime an ihren hohen religiösen Feiertagen dem Unterricht und der Arbeit fernbleiben – zusätzlich zu den christlichen Feiertagen, an denen sie in der Regel ohnehin frei haben. Weil will künftig aber auch alle sonstigen islamischen Feste als Feiertage anerkennen, an denen Muslime zuhause bleiben dürfen. Und er setzt gleich noch eins drauf: Das Kopftuchverbot im öffentlichen Dienst soll nach seinen Vorstellungen künftig in Niedersachsens Schulen nicht mehr gelten. Immerhin schränkt er ein, dass Letzteres nur realisierbar sei, wenn der Schulfrieden nicht leide. Offenbar hat der SPD-Mann eine Vorahnung, dass er sich gegen den Willen eines Großteils der Bevölkerung stellen könnte.

Man kann sich nur wundern über die Verantwortlichen in der Politik. Dürfen etwa Muslime irgendwo zwischen Garmisch und Flensburg, zwischen Saarbrücken und Potsdam ihrem Glauben nicht frei nachgehen? Finden Zwangschristianisierungen statt, von denen ich möglicherweise nichts gehört habe? Es ist zum Verzweifeln. Mit ihrer jahrelang praktizierten Anbiederung an den Islam haben die politisch

Verantwortlichen das Feuer erst gelegt, das sie heute glauben, austreten zu müssen. Das Gejammer über PEGIDA gäbe es gar nicht, weil es die Bewegung nicht gäbe, würde die Politik dem Islam mit dem Selbstbewusstsein der jahrtausendealten Kultur unseres Abendlandes begegnen. Es bedarf keiner Lobhudelei auf Muslime, die sich an Regeln und Gesetze halten, ebenso wenig, wie man Hindus, Juden oder Buddhisten feiert, die dies tun. Auch muss man keine muslimischen Feiertage einführen, was man ja ebenso wenig anderen Glaubensgemeinschaften zugesteht. Und schon gar nicht benötigen Muslime die besondere Fürsorge des Staates in der Schule oder am Arbeitsplatz.

Der gesunde Menschenverstand und das unmissverständliche Eintreten für unser Grundgesetz, in dem die Trennung von Kirche und Staat festgeschrieben ist, würden mancher Radikalisierung in unserem Land den Nährboden entziehen. Dem rechten Rand, der die Wut der Bürger über die Veräußerung der westlichen Werte und Traditionen für sich instrumentalisiert, aber auch der zunehmenden Zahl radikaler Muslime, die die ausgestreckte Hand als Schwäche deuten und sich dadurch ermutigt fühlen, ihre Utopie vom Gottesstaat mitten in Europa zu verwirklichen. 2014 wird als ein Jahr in Erinnerung bleiben, in dem die Politik in Deutschland Terrain verloren hat – gegenüber dem radikalen Islam, der den Langmut des demokratischen Rechtsstaats ausnutzt, aber vor allem bei der eigenen Bevölkerung, die dem Parteienstaat zunehmend den Rücken kehrt. Es sind die Stephan Weils dieser Zeit, an die sich künftige Generationen mit Schaudern erinnern werden. Die Gutmenschen der Politik haben ihren Irrweg in diesem Jahr nicht nur unbeirrt beschritten, sondern ihr Tempo sogar noch erhöht. Gnade uns Gott in 2015!

(Klodeckel des Tages vom 28. Dezember 2014)

Zwischenruf von Alexander Horn: Werturteile statt Multikulti!

Das Attentat auf die französische Satirezeitschrift „Charlie Hebdo" hat deutlich gemacht, wie notwendig die Verteidigung der Grundprinzipien des Liberalismus ist, zu denen die Meinungsfreiheit zählt. Zur Meinungsfreiheit wiederum gehört die kritische Auseinandersetzung um Inhalte, also die Möglichkeit, Werturteile abzugeben sowie diese im öffentlichen Diskurs kritisieren zu können. Doch die Diskussion wird zunehmend von Tabus bestimmt. Dabei sollte deutlich geworden sein, dass die Kultur der Freiheit weniger von außen bedroht ist – wie viele meinen –, sondern in Frankreich, Deutschland und Europa von innen. Menschen, die – wie die Pariser Attentäter – vorrangig in Frankreich sozialisiert und aufgewachsen sind, richten sich gegen freiheitliche Prinzipien, die in unseren Gesellschaften verankert sein sollten.

Wir leben heute in einer Gesellschaft, die es immer weniger verträgt, wertend zu urteilen. Was also halten wir für richtig oder falsch und warum? Wir glauben oft, dass es wertvoller ist, die Gefühle und Einstellungen von Menschen nicht zu verletzen, als kritisch mit deren Auffassungen umzugehen. Inzwischen ist sogar die weit verbreitete Angst vor islamfeindlichen Tendenzen ein Argument gegen die offene Auseinandersetzung etwa mit dem Islam und den Werten und Ideen, welche die Menschen ausmachen, die sich dem Islam zugehörig fühlen. Aus Angst vor den Konsequenzen oder aus einer moralischen Verpflichtung zur Selbstzensur heraus werden seit mindestens zwei Jahrzehnten konstituierende Elemente der westlichen Kultur wie die Meinungsfreiheit nur noch zögerlich verteidigt.

Diese Desorientierung unserer Gesellschaft zeigt sich am Multikulturalismus sehr deutlich. Er predigt das friedliche Nebeneinander verschiedener Kulturen, statt genau das zu fördern, was eine offene Gesellschaft benötigt: Den Austausch und die offene Kontroverse. Die Mauer, die wir mit falsch verstandenem „Respekt" und „Toleranz" zwischen den Kulturen in den letzten Jahrzehnten aufgebaut haben, müssen wir dringend zugunsten eines öffentlichen Diskurses einreißen, dem nichts heilig ist und der keine Autoritäten unhinterfragt akzeptiert. Wir brauchen ein neues Verständnis von Toleranz, in dem verschiedene Werte, Ideen und Meinungen nicht nur ernst genommen und mit voller Ernsthaftigkeit diskutiert werden, sondern vor allem auch diskutiert werden dürfen. Im Sinne dieser aufklärerischen, humanistischen, liberalen Tradition liefern Autoren wie Ramin Peymani einen besonders wertvoller Beitrag.

(Alexander Horn ist Geschäftsführer der NovoArgumente Verlag GmbH, Frankfurt, die seit 1992 für unabhängigen politischen Journalismus jenseits des Mainstreams steht. Informationen zu den Publikationen und Veranstaltungen erhalten Sie unter www.novo-argumente.com.)

Die übrigen Teile der „Klodeckel"-Trilogie sind im Online-Versand und stationären Buchhandel erhältlich. Sie sind auch als E-Book erschienen.

Klodeckel 2012, ISBN 978-3-8482-5366-1

Ein Land erstarrt in politischer Korrektheit. Kaum ein Lebensbereich, der nicht schon gleichgemacht, glattgebügelt oder weichgespült ist. Der „Klodeckel des Tages" ist herrlich unkorrekt und stellt sich damit dieser Starre entgegen. Immer sonntags wandert er an Organisationen, Unternehmen oder Einzelpersonen, die besonders tief ins Klo gegriffen haben. So ist mit spitzer Feder ein unterhaltsamer Jahresrückblick entstanden, der aufrüttelt und zugleich nachdenklich macht. Wohin strebt unsere Gesellschaft?

Die Klodeckel-Chronik, ISBN 978-3-7322-9307-0

Bevormundung, Umerziehung und Gleichmacherei, stets im scheinbar unangreifbaren Gewand der Political Correctness. Immer neue Lebensbereiche werden von schier unerbittlicher Regelungswut erfasst oder fallen dem voll entflammten Tugendfuror zum Opfer. Diesem Zeitgeist stellt sich die Klodeckel-Chronik entgegen, die viel mehr ist, als die Zusammenstellung der beliebten Texte aus Ramin Peymanis wöchentlichem Blog. Mit neuen, bisher unveröffentlichten Inhalten und überarbeiteten Beiträgen, die nichts von ihrer Scharfzüngigkeit eingebüßt haben, ist dieses Buch ein überzeugendes Plädoyer für die Freiheit.

Vielen Dank für den Kauf dieses Buches, das Sie hoffentlich ein bisschen unterhalten konnte.

Nehmen Sie Kontakt zu Ramin Peymani auf: Für Fragen oder Anregungen erreichen Sie den Autor per Email unter ramin.peymani@gmx.de.

Sie möchten ab sofort keinen Beitrag mehr verpassen? Abonnieren Sie den kostenlosen RSS-Feed! Der *Klodeckel des Tages* erscheint jeden Sonntag auf www.klodeckel-des-tages.de.

Werden Sie Klodeckel-Fan auf Facebook! Alle Informationen dazu finden Sie unter: www.facebook.com/klodeckel.des.tages